Le passé
vivant de

Montréal

Dessins de
R. D. WILSON
Texte de
Eric McLean

ÉDITION REVISÉE

The
Living Past of

Montreal

drawn by
R. D. WILSON
and described by
Eric McLean

REVISED EDITION

MONTREAL AND LONDON
McGill-Queen's University Press

© McGill-Queens University Press 1976
Première édition © McGill University Press 1964

ISBN 0 7735 0268 8 (toile)
ISBN 0 7735 0259 9 (papier)

Dépôt légal 2e trimestre 1976
Bibliothèque nationale du Québec
Imprimé au Canada par Litho Associates
Relié par The Hunter Rose Co.

© McGill-Queen's University Press 1976
First Edition © McGill University Press 1964

ISBN 0 7735 0268 8 (cloth)
ISBN 0 7735 0259 9 (paper)

Legal deposit 2nd quarter 1976
Bibliothèque nationale du Québec
Printed in Canada by Litho Associates
Binding by The Hunter Rose Co.

Préface de la deuxième édition

Il aurait été impossible de prévoir ce qu'il adviendrait du Vieux-Montréal lorsqu'en 1963 Richard Wilson et moi-même avons travaillé à la première édition de ce livre. La vague de destruction du vieux quartier avait été endiguée par un règlement municipal qui défendait d'aménager plus de services pour les voitures, tels les parkings, l'élargissement des rues, les stations-services, et le gouvernement du Québec suivit en protégeant par une loi une partie du vieux quartier.

La vague était endiguée, mais le mal n'était pas réparé. Tout demeurait en suspens. Des ruines s'amoncelaient en certains endroits, presque déserts, qui avaient échappé à la démolition complète. Après le coucher de soleil, on pouvait marcher dans les rues mal éclairées du secteur protégé sans rencontrer âme qui vive. Il n'y avait pas de restaurants, pas de dis-

Preface to the Second Edition

It would have been impossible for anyone to predict what would happen to Old Montreal back in 1963 when Richard Wilson and I were working on the first edition of this book. The tide of destruction of the old quarter had been stemmed by a city by-law forbidding the creation of more services for the automobile — such as parking lots, wider streets, and garages — and the government of Quebec would soon follow suit with the passage of a bill protecting a part of the old quarter.

But, if the tide had been stemmed, nothing had yet been done to turn it. The area was in a state of suspended animation. Some of it lay in ruins where the more recent demolition had been halted, and much of it was deserted. After sundown, you could walk through the ill-lit streets of

cothèques, pas de théâtres et, hormis une petite enclave rue Bon-Secours, aucun résident sauf les occupants de quelques pensions d'aspect misérable, où logeaient encore débardeurs ou pauvres hères.

Le marché Bon-Secours, sans dôme, servait encore de marché, mais il dépérissait. Le vieux Palais de justice de John Ostell était encore occupé mais il allait être vidé, comme le marché, dès qu'un nouvel immeuble lui serait consacré.

Cette atmosphère de désolation, presque sinistre, apparaît dans quelques-uns des premiers dessins de Wilson.

Mais le temps était mûr pour un changement. Le sentiment public penchait en notre faveur et la réhabilitation du quartier fut stimulée jusqu'à un certain point par les grandes dépenses qui précédèrent l'Expo 67.

Le Vieux-Montréal n'est pas seulement devenu la principale attraction des visiteurs mais les Montréalais eux-mêmes se sont découvert une tendresse pour ce quartier qu'ils fuyaient autrefois, le jugeant dangereux et sale.

the classified area without meeting a soul. There were no restaurants, no discotheques, no theatres, and, outside the little enclave on Bon-Secours Street, no residents except for the occupants of a few seedy boardinghouses that still catered to longshoremen or derelicts.

The domeless Bon-Secours Market was still a market, but dying. John Ostell's old courthouse was still a courthouse, but destined to be emptied, like the market, once the new quarters had been provided for its functions.

This desolate and even sinister atmosphere is reflected in a few of the earlier drawings by Wilson.

But the time was ripe for change. Public sentiment was on our side, and the rehabilitation of the quarter was stimulated to some degree by the great spending spree that preceded Expo 67.

Des millions ont été investis en restauration, tant par la ville qui a rénové l'immeuble du marché, le square Jacques-Cartier, le vieux Palais de justice, les rues et l'éclairage, que par le secteur privé: maisons, appartements et places d'affaires, y compris des boutiques, des discothèques et un grand nombre de restaurants — trop, en fait, et le quartier est maintenant menacé d'une spécialisation à outrance semblable à celle du Vieux-Carré en Nouvelle-Orléans.

Les gouvernements en sont venus à comprendre qu'il ne suffit pas de protéger un petit secteur comme le Vieux-Montréal et, voulant éviter de passer d'une crise à l'autre ou de permettre que tant d'éléments valables soient détruits, il tente de formuler une politique de conservation à long terme pour toute la ville.

E. D. McLean

Not only has Old Montreal become the principal attraction for visitors to the city, but Montrealers themselves have developed a fondness for the area they once shunned as dangerous and dirty.

Millions have been invested in restoration, not only on city projects such as the market building, Jacques Cartier Square, the old courthouse, streets, and lighting, but in the private sector as well: houses, apartments, and businesses, including shops, discotheques, and a large number of restaurants — too many, in fact, and the quarter is now menaced by the kind of overspecialization that plagues the Vieux-Carré of New Orleans.

The governments have now come to realize that it is not enough to protect one small area like Old Montreal, and attempts are being made to formulate an intelligent conservation policy for the entire city to replace the present crisis-to-crisis approach that has allowed so much of value to be destroyed.

E. D. McLean

Préface de la première édition

Les Presses de l'Université McGill livrent aujourd'hui au public un ouvrage sur le Vieux-Montréal qui sera demain un classique comme nous en avons malheureusement trop peu. Certains les en féliciteront, et elles le méritent. Je voudrais les en remercier, et elles le méritent encore davantage.

Ce livre comporte des illustrations d'une remarquable fidélité, qui sont l'œuvre de Richard Wilson, et un commentaire des illustrations qui dépasse singulièrement en importance le rôle ordinaire de soutien qu'on réserve habituellement au bas de vignette. Ce texte a été rédigé par Eric McLean qui connaît bien le passé de Montréal.

Les dessins de M. Wilson parlent par eux-mêmes. Ils nous promènent au hasard dans un Vieux-Montréal auquel nous sommes tellement habitués et où nous pénétrons habituellement tellement pressés par la tâche du jour que nous ne le voyons plus, que nous en décelons mal les

Foreword to First Edition

McGill University Press today offers to the public a book on Old Montreal which is destined to become one of the classics of tomorrow. Many will congratulate them on this publication, and they deserve such congratulations. I should like rather to thank them for it, and they deserve my thanks. For, unfortunately, we have too few works of this kind.

The book combines drawings by R. D. Wilson, which are remarkably faithful to the scenes they illustrate, with a text which far surpasses in interest and importance the kind of commentary that usually accompanies such pictures. This text is the sensitive and perceptive work of Eric McLean.

Mr. Wilson's drawings take us on a casual tour through the streets of Old Montreal, streets to which we have become so accustomed and which we pass so hurriedly that we no longer see them or the archi-

beautés architecturales et les trésors historiques. M. Wilson n'a pas voulu recréer le Montréal d'il y a un siècle, ni même nous donner tout le Vieux-Montréal d'aujourd'hui. Il s'est attaché à dessiner fidèlement ce que ses yeux ont vu au cours de ses promenades. Ce qu'il nous montre est honnête, plus émouvant qu'une photographie, mieux choisi, plus fouillé et moins cru que ne le serait la pellicule du cinéaste engagé dans le même périple. A ce titre les dessins de M. Wilson resteront comme des documents précieux pour le chercheur de demain et donneront, en attendant, à l'amoureux du Vieux-Montréal des heures de joies. Pour cela, qui est une bonne action, M. Wilson mérite nos remerciements.

Quant à Eric McLean, mon ami et très estimé collègue à la Commission Jacques-Viger, ce n'est plus un secret pour personne qu'il a conçu pour le Vieux-Montréal un amour total et absolu. Il y a découvert des beautés que le temps, la main insouciante des hommes et l'encombrement avaient fini par cacher.

tectural and historic treasures they contain. Mr. Wilson has not attempted to recreate the Montreal of a hundred years ago, nor has he tried to make a complete record of the district as it is today. He has simply drawn faithfully what he has seen during his walks through the old quarter. What he gives us is an honest account — more moving, more selective, yet more detailed and more subtle, than photographs could be. For this reason his drawings will become precious documents for the historians of tomorrow and will give many hours of pleasure to lovers of Old Montreal.

It is no secret that Eric McLean, my friend and esteemed colleague on the Jacques Viger Commission, has long been devoted to Old Montreal. Having rediscovered its beauties, half-hidden by time and the carelessness of man, he is eager to reveal them, celebrate them, share them with others; he is anxious to restore them to their former glory and protect them from further destruction. He was the first,

Ces beautés, il a voulu les montrer, les chanter, les partager, leur rendre leur éclat premier, les protéger contre toute dilapidation. Le premier, je pense, il a voulu y vivre. Sa restauration de la maison Papineau restera comme un modèle et un exemple. Le fait qu'il y ait installé sa demeure et travaille à s'entourer de fervents qui, comme lui, veulent, plus que des monuments historiques, des maisons vivantes, habitées, ressuscitées donnait à Eric McLean un premier titre à notre reconnaissance. Sa magistrale contribution à ce livre qu'on me fait l'honneur de m'inviter à préfacer lui en donne un autre.

On trouvera à cette collaboration le même esprit, et autrement plus durable, si j'ose m'exprimer ainsi, qui a déclenché la réhabilitation du pourtour de la chapelle de Bon-Secours, la création de la Commission Jacques-Viger et le jumelage du passé de Montréal à l'Exposition Universelle de 1967.

Et, si on me le permet, j'ajouterai un souvenir personnel. Ce qui se passe aujourd'hui entre la rue Notre-Dame et le fleuve, ces mai-

I think, to decide to make his home there, and his restoration of the Papineau house will remain a model and an example. He deserves our gratitude for choosing to live and work in the district, and for attracting to it kindred spirits who want to live in houses which are restored and habitable homes as well as historic monuments. His authoritative contribution to this book is further cause for our gratitude.

The collaboration of artist and author has been undertaken in the spirit which inspired those who restored the precincts of Bon-Secours Church, created the Jacques Viger Commission, and included Old Montreal in the plans for the 1967 World's Fair.

I should like to add, if I may, one personal comment. I cannot help but think that the work which is being done today between Notre Dame Street and the river — the scrupulous restoration of private houses and public buildings and monuments, even this book which

sons, ces édifices, ces sites que l'on restaure scrupuleusement, ce livre qui en illustre et en commente les beautés cachées, je ne puis m'empêcher de les voir déjà contenus dans une suggestion que je faisais moi-même il y a plus de quinze ans et que j'ai répétée maintes fois depuis. Je préconisais la conservation et la restauration de ce quartier historique en m'appuyant sur l'exemple du Vieux-Carré à la Nouvelle-Orléans.

On comprendra ma joie quand mon ami McLean, reprenant ou réinventant cette idée, la transforma en une émouvante réalité. Qu'il trouve donc ici mon sincère remerciement.

Merci aussi à monsieur Wilson pour ses « belles images », à monsieur Paul Roussel pour sa traduction, merci à tous les collaborateurs de ce livre et de cette œuvre, merci enfin aux Presses de l'Université McGill qui lui assurent une si élégante présentation.

PAUL GOUIN
Président de la Commission Jacques-Viger.

illustrates and describes their beauties — happily coincides with a suggestion which I made more than fifteen years ago and which I have often repeated: the preservation and restoration of this historic district, taking as a model the Vieux Carré of New Orleans.

One can understand my joy when my friend Eric McLean took up or rediscovered this idea and transformed it into an exciting reality. I offer him my sincere thanks.

My gratitude goes also to Mr. Wilson for his splendid drawings, to Paul Roussel for his translation, to all those who took part in producing this book, and to the members of McGill University Press who have taken such loving care in its presentation.

PAUL GOUIN
President, Jacques Viger Commission.

Les planches

The Plates

Le passé vivant
de Montréal

L'appellation «Vieux-Montréal» n'est pas seulement une expression sentimentale destinée à évoquer un vague quartier autour du vieux port. C'est dans son enceinte, au sud de la rue Craig, qu'en trois cents ans Montréal a écrit quelques-unes des plus belles pages de son histoire. Cartier et Champlain y abordèrent. Maisonneuve y fonda le premier établissement permanent en 1642. Les explorateurs français en partirent pour leurs longues expéditions à la découverte du continent. La Compagnie du Nord-Ouest y fit rayonner un vaste empire de pelleterie, vaste encore selon les normes d'aujourd'hui. Le Vieux-Montréal demeure le cœur de la ville de Montréal puisqu'il voisine avec le port qui est la pre-mière raison d'être de la ville, ce port qui, hier encore, était tête de la navigation sur le Saint-Laurent, et qui est la capitale de sa voie maritime.

Montréal fut pendant un certain temps une ville forte, ceinte de murs de pierre hauts de dix-huit pieds, percés de poternes et de meurtrières, munis de tours de guet, entourés de fossés: une véritable citadelle. Les

The Living Past
of Montreal

Old Montreal is more than just a sentimental expression used to describe a vague district around the harbour. Almost everything of importance that has happened to our city within the last three hun-dred years originated within this small area south of Craig Street.

It was here that Cartier and Champlain landed; it was here that Maisonneuve established the first permanent settlement in 1642; it was from here that the French ex-plorers left on the major voyages of discovery through the continent; it was from here that the North West Company governed a fur-trade empire which would seem enormous even by today's stand-ards; and it is here that we find the city's first raison d'être—the port, until recently the highest navigable point on the St. Lawrence for ocean-going vessels, and now the capital of the Seaway.

Old Montreal was, for a time, a fortified town surrounded by an eighteen-foot-high stone wall com-plete with sally ports, loopholes,

fortifications furent construites sous la direction de Chaussegros de Léry, ingénieur de Sa Majesté le roi Louis XV, dans le but de repousser les attaques des Iroquois. Les murs ont depuis longtemps disparu; mais on sent qu'ils ont imposé le dessin et la largeur des rues ainsi que la disposition des maisons dans le précieux espace qu'ils délimitaient.

Dans les premiers temps, bien des maisons entassées à l'intérieur des murs étaient faites en bois et, après un certain nombre d'incendies désastreux, le gouvernement français interdit l'usage des bardeaux: tous les toits devaient être recouverts de tôle. Chaque toiture devait être, en plus, pourvue de deux échelles et de quelques seaux destinés à combattre les incendies. Chaque fenêtre était garnie de volets de fer que l'on fermait la nuit, non seulement pour éviter le feu, mais encore à cause de la croyance qui prévalait alors que l'air nocturne était malsain. L'on voit encore dans le quartier les larges crochets de fer qui retenaient ces volets.

L'espace étant mesuré à l'intérieur des fortifications, les maisons étaient construites à la limite de la propriété sur la rue, l'espace laissé

fosse, bastions, and a citadel. The fortifications were built under the supervision of Chaussegros de Léry, Engineer to His Majesty King Louis XV, and their purpose was mainly to discourage Iroquois raids. The walls have long since disappeared, but their influence is still to be found in the pattern and dimensions of the streets, and in the houses which were designed to make maximum use of the valuable land within the walls.

In the early days, many of the houses crowded within the walls were of wood, and, after a number of disastrous fires, the French government forbade the use of wooden shingles: all roofs were covered with tin. Each house was required to have two ladders on its roof, and a number of buckets which were reserved for fire-fighting. All the windows were equipped with sheet-iron blinds which were closed at night, not only as a fire precaution but also because of the prevalent belief that night air was unhealthy. The large iron pins designed to hold these shutters are still to be seen throughout the quarter.

libre derrière étant aménagé en jardins fermés. Généralement le rez-de-chaussée servait au commerce, et l'on habitait les étages supérieurs, sauf dans le cas de l'hôtel du gouvernement, de la prison, des couvents et presbytères ou de résidences de quelques riches marchands.

Peu de constructions du dix-septième siècle ont survécu: l'hôpital des Sœurs Grises, le séminaire des Sulpiciens de la place d'Armes, et trois ou quatre autres. Une liste des habitations du dix-huitième siècle qui s'y trouvent serait courte même si elle comprenait les maisons qui, aujourd'hui, sont affublées de façades modernes. C'est surtout l'architecture du début du dix-neuvième siècle qui caractérise le Vieux-Montréal; elle y est singulièrement bien représentée. La période allant de 1780 à 1830 fut généralement prospère. Les citoyens de Montréal en profitèrent pour remplacer plusieurs maisons en pierre des champs de l'ancien régime par des maisons modernes en bonne pierre de taille de Montréal que l'on trouvait en abondance.

Au début du dix-neuvième siècle, un groupe de citoyens obtint du gouvernement que celui-ci démolisse les fortifications,

Space being at a premium within the fortifications, houses were built right out to the edge of the property line, any ground left over being reserved as a private enclosed garden at the back of the building. In most cases the ground floor was designed for commerce, while the upper floors were residential. The few exceptions were the government house, the prison, the convents and presbyteries, and the homes of the most prosperous merchants.

Not much of the seventeenth-century architecture has survived—the hospital of the Grey Nuns, the seminary on Place d'Armes, and three or four others—and a list of the eighteenth-century buildings would be relatively short, although many of them have been disguised with later façades. But what Old Montreal does possess is an almost unique concentration of early nineteenth-century architecture. The period between 1780 and 1830 was generally one of prosperity, and, while they could afford it, the people of Montreal pulled down many of the rough-stone houses of the old regime to replace them with

source d'ennuis pour les habitants de la ville comme pour les visiteurs. Elles étaient tellement délabrées qu'elles ne remplissaient plus de fonction militaire — ce qu'elles ne firent jamais, d'ailleurs — et les trois portes principales étaient devenues trop étroites pour permettre de circuler facilement entre la ville et les faubourgs. La démolition des fortifications commença en 1803 et se poursuivit pendant vingt ans. Il n'en demeure pas moins que ces vieux murs avaient exercé une action certaine sur la ville, formant son caractère, déterminant son architecture et la disposition de ses rues, qui sont restées à peu près telles qu'elles étaient à l'époque.

La construction connut un nouvel essor dès 1780. Les nouvelles maisons demeurèrent fidèles au caractère de la ville et s'harmonisèrent parfaitement avec les bâtiments de l'ancien régime. L'influence des maçons était telle qu'ils réussirent presque totalement à empêcher l'usage de la brique à Montréal, sauf les murs intérieurs, jusque vers 1830; même après cette date ce matériau ne se rencontrait guère qu'en banlieue.

more modern buildings made of dressed limestone, which was in plentiful supply.

At the beginning of the nineteenth century, a group of citizens appealed to the government to remove the old fortifications, which had long been a source of annoyance to the townsfolk and visitors. They were in such bad repair that they no longer filled any military function — a use to which they had never been put — and the three main gates caused the most frustrating bottlenecks for the normal traffic between the town and its suburbs. The dismantling of the fortifications began in 1803 and continued for some twenty years.

During the busy period of building after 1780, the plan and character of the town was maintained in the new houses, and they harmonized successfully with the buildings of the old regime. The city was in the hands of the stonemasons, and they managed to oppose the use of brick, except for interior walls, in Montreal until the eighteen thirties. Even then it was pretty well confined to the suburbs.

Old Montreal did not stop changing after 1830, but the changes

Le Vieux-Montréal ne cessa
point de changer après 1830, mais
il changea insensiblement et, à
l'exception de la rue Saint-Jacques,
la nouvelle architecture était accor-
dée à l'ancienne. Aujourd'hui,
quelques-uns des immeubles dont
le quartier s'enorgueillit sont des
maisons d'affaires de cinq à six
étages de l'ère victorienne, aux
allures de palais vénitiens, dont les
façades s'ornaient de sculptures
très travaillées.

L'une des raisons pour lesquelles
le Vieux-Montréal contient encore
tant de trésors tient peut-être au
fait que ce quartier s'est laissé
dépasser au cours de l'expansion
progressive de la ville. Le petit
commerce et les quartiers rési-
dentiels se déplacèrent vers le nord
et vers l'ouest, et plusieurs des
beaux édifices de la vieille ville
furent convertis en entrepôts, en
usines, ou servirent au commerce
de gros.

L'hôtel de ville et le Palais de
justice restèrent où ils étaient et la
rue Saint-Jacques devait garder
son importance comme centre de la
finance. Mais la vieille ville commença à décliner. L'apparition des
gratte-ciel du boulevard Dorchester accéléra la migration vers le

were gradual, and, with the exception of St. James Street, the new
architecture generally harmonized
with its surroundings. Today, some
of the proudest possessions of the
quarter are the five-and-six-
story office buildings of the Victorian era, with the dimensions and
character of Venetian palazzos,
decorated with the most intricate
stone carving and terra-cotta
ornaments.

Perhaps one of the reasons why
so much of value remained in Old
Montreal is that the quarter was
left behind in the major develop-
ments of the twentieth century.
Retail business and residential sections moved north and west, and
many of the fine buildings of the
old city were converted into warehouses, factories, and wholesale
businesses. The city administration
and the law courts stayed on, and
St. James Street retained its importance as the financial centre, but
the rest of the old town suffered a
decline. The exodus was accelerated
by the modern skyscraper development along Dorchester Boulevard,
and even some of the financial
houses were lured uptown.

The port was still there, of course,

nord. L'on vit même quelques maisons de la haute finance émigrer vers la haute ville. Il y avait toujours le port, naturellement, mais beaucoup des entreprises qui y faisaient leurs affaires allèrent s'installer ailleurs, d'abord parce que les transports étaient devenus plus faciles et aussi parce que l'étroitesse des rues et le manque de place pour garer les voitures entravaient la circulation commerciale.

C'est alors que les propriétaires du vieux quartier se mirent à démolir, soit pour réduire les taxes, soit pour accommoder les automobilistes. Le dommage était irréparable quand le public commença à manifester sa désapprobation et qu'il se mit à protester ouvertement. Les premières mesures furent prises par le maire Jean Drapeau et ses conseillers en créant la Commission Jacques-Viger, ainsi nommée en l'honneur du premier maire de Montréal. La Commission devait donner son avis au service d'urbanisme sur les moyens à prendre pour la conservation et la rénovation du Vieux-Montréal. Malheureusement, la Commission était sans pouvoir et l'on continua à saccager le quartier.

but many of the related businesses moved away, partly because modern transportation eliminated the need to be next door to the wharves, and partly because the narrowness of the streets and the lack of parking space made it increasingly difficult for commercial traffic.

Property owners in the old town began to destroy their buildings to save on taxes or to accommodate the automobile, and a tremendous amount of damage had already been done by the time public disapproval could be organized into active opposition.

The first positive step was taken by Mayor Jean Drapeau's administration, which created the Jacques Viger Commission, named after Montreal's first mayor. The Commission was to advise the City Planning Department on the action necessary for the preservation and redevelopment of Old Montreal. It had no direct powers, however.

The city then passed a by-law on the advice of the Commission, forbidding the creation of any new parking lots or parking garages in Old Montreal, a move which immediately eliminated the principal motive for demolition.

La Ville de Montréal adopta alors un règlement, à la requête de la Commission, interdisant l'aménagement de nouveaux terrains de stationnement ou de garages dans le Vieux-Montréal, mesure qui supprima la principale cause des démolitions. Enfin, le gouvernement provincial intervint à son tour. Vers la fin de 1963, la Commission des Monuments historiques de la province de Québec fut investie du pouvoir de délimiter les quartiers historiques, d'y interdire les démolitions et les modifications d'aucune sorte, voire même la construction d'immeubles nouveaux, sans l'autorisation de la dite Commission. Jusqu'à ce jour, la Commission s'était bornée à classer certaines maisons particulières, et ce encore à la seule requête des propriétaires.

Aussitôt que la loi fut votée, la Commission Viger demanda au gouvernement du Québec de conférer officiellement au Vieux-Montréal son statut de quartier historique, ce qui fut fait quelques semaines plus tard, bien que les autorités municipales fussent d'avis qu'il fallait soustraire les temples du commerce de la rue Saint-Jacques au contrôle exercé par la

Finally, the Provincial Government entered the battle. Late in 1963, the Historic Monuments Commission of Quebec was given the power to declare an ensemble of buildings an Historic Area in which it was forbidden to demolish or alter a building, or to construct anything new, without the approval of the Commission. Until then, the Historic Monuments Commission had dealt only with individual houses, and these were classified only at the request of the owner.

As soon as the law had passed, the Viger Commission requested the Quebec body to declare Old Montreal an Historic Area. It was done a few weeks later, although the city administration felt it advisable to exempt the cathedrals of commerce on St. James Street from the historical control, a compromise which may be regretted a few years hence, as much by St. James Street as by City Hall.

The motive for this compromise soon became clear. Two exceptionally fine nineteenth-century buildings forming the west side of Place d'Armes were destroyed to make way for the enormous black

Commission, exception que la rue Saint-Jacques, tout autant que l'hôtel de ville, pourrait fort bien regretter plus tard.

Le motif de ce compromis apparut bientôt. Deux remarquables édifices du dix-neuvième siècle, formant le côté occidental de la place d'Armes, furent rasés pour faire place à l'énorme tour noire de la Banque Canadienne Nationale; suivit une destruction plus vaste encore dans le quadrilatère borné par Saint-Laurent, Craig, Saint-Gabriel et la petite rue Saint-Jacques, que l'on destinait à un nouveau gratte-ciel, le Palais de Justice, dont l'échelle et la forme ne s'harmonisent pas du tout avec l'architecture du Vieux-Montréal.

La Commission Viger protesta avec vigueur mais sans succès. Elle proposa alors de prendre sous sa tutelle le côté nord de la rue Notre-Dame puisque l'autre était déjà classé. Mais la Commission ne dispose que d'un pouvoir consultatif et ce conseil, comme bien d'autres, fut négligé.

La Commission adresse ses recommandations aux urbanistes de la ville qui les transmettent, à leur discrétion, au comité exécutif de la municipalité.

tower of the Banque Canadienne Nationale, and this was followed by even greater destruction in the area bounded by St. Lawrence, Craig, St. Gabriel, and little St. James Street to provide a site for a new skyscraper courthouse which bears no relation in scale or design to the architecture of Old Montreal.

The Viger Commission protested vehemently, but to no avail. It then asked that the area of control be enlarged to include at least the north side of Notre Dame Street, pointing out the inconsistency of classifying only one side. But the commission is only an advisory body, and in this, as in many other instances, the advice went unheeded.

The recommendations of the commission are made to the city planners who then pass them on (at their discretion) to the executive committee of the municipal government.

A large part of the damage done to Old Montreal, before the protective legislation was introduced, can be repaired, either with careful reconstruction or with modern architecture designed to harmonize

L'on peut remédier en grande partie aux dégâts causés dans le Vieux-Montréal avant que les mesures de protection ne soient instituées en reconstruisant dans le goût de l'époque ou en créant une architecture moderne qui, par ses proportions et son caractère, cadre avec celle du quartier ancien.

La restauration du Vieux-Montréal n'est pas une utopie. Il ne s'agit pas d'en faire un musée sans vie, non plus qu'un pastiche. Le Vieux-Montréal doit être un quartier où l'on vit, un quartier qui prenne une part vitale aux activités de la métropole, et qui soit à même de jouer le rôle qui lui est dévolu. Malgré ce qu'en croient la plupart des Montréalais, une bonne partie du secteur peut devenir résidentielle. Plusieurs immeubles ont servi tour à tour de résidence, d'établissement commercial ou d'entrepôt, et l'on a tendance à considérer le processus irréversible. Certains immeubles à caractère commercial au dix-neuvième siècle ont été convertis en luxueux appartements par des architectes imaginatifs.

En 1960, le Vieux-Montréal périclitait rapidement. Les autorités l'avaient presque abandonné. Il y avait même un projet de voie rapide est-ouest, le long du fleuve,

in scale and character with the existing buildings.

The restoration of the old quarter is not a piece of starry-eyed romanticism. There is no wish to turn it into a museum town, or a pastiche of reconstruction. It must be a living and active part of the larger community, ready to carry its own weight. Much more of it is suitable for redevelopment as a residential area than most Montrealers believe. Many of the buildings have passed through a number of stages from residence, to commerce, to warehouse, and there is a tendency to regard the process as irreversible. Some that were actually designed for commerce or storage in the nineteenth century have been converted into luxurious apartments by imaginative architects.

In 1960, Old Montreal was a fast deteriorating area. The authorities had all but abandoned it, and there was even a plan to run the east-west expressway along the waterfront on a line that would have destroyed most of Commissioners and St. Paul Streets. Fortunately the plan was abandoned on the recommendation of the Jacques-Viger Commission.

qui aurait détruit la plus grande partie de la rue des Commissaires et la rue Saint-Paul. Heureusement, le projet fut écarté sur une recommandation de la Commission Jacques-Viger.

Aujourd'hui, moins de deux décennies plus tard, le Vieux-Montréal est devenu l'une des principales attractions de la ville. Le flot des visiteurs augmente chaque année et les rues jusque-là désertes connaissent maintenant des problèmes de circulation.

Il y a cependant un danger croissant de saturation: trop de restaurants, trop de bars et de discothèques, trop de boutiques où l'on étale les mêmes souvenirs qu'à San Francisco, Hong-Kong ou Bombay...

Ce qu'il faut, et tout plan directeur devrait viser cet objectif, c'est d'équilibrer les établissements (habitations, magasins, boutiques) de manière à soutenir la renaissance amorcée par la législation protectrice.

Les possibilités sont innombrables. Il y a des rangées entières de maisons de construction fort ancienne, si affreusement défigurées que le visiteur distrait n'en saurait apprécier la beauté cachée. Pour la plupart, les toits sur pignons ont été supprimés pour faire place à un ou

Today, less than two decades later, Old Montreal has become one of the city's principal attractions. The stream of visitors has increased yearly, and streets that were all but deserted are now posing traffic problems.

There is, however, a growing danger of over-specialization—too many restaurants, too many bars and discothèques, and too many souvenir shops hawking goods that could as easily be found in San Francisco, Hong Kong, or Bombay.

What is needed, and all policy should be directed towards such an objective, is a balanced occupancy (housing, service stores, small commercial outlets) to sustain the new lease on life provided by the protective legislation.

The possibilities are infinite. There are whole rows of buildings of early construction which have been so heavily disguised that the casual visitor overlooks them. In most cases the pitched roof has been removed, and one or two brick stories have been added, with a flat roof. In other cases the limestone front has been covered with a layer of stucco or some gaudy material such as coloured tile or

deux étages de brique surmontés de toitures plates. Dans d'autres cas, la pierre calcaire de la façade a été recouverte de stuc ou d'une autre matière de mauvais goût telle que les carreaux peints ou même la pierre artificielle. Les croisées, à petites vitres étroites, ont été remplacées par des châssis mobiles en aluminium. Ou bien, l'on a tronqué des piliers au niveau du rez-de-chaussée pour percer de larges vitrines qui ne sont pas dans le caractère de la maison.

Beaucoup de ceux qui visitent ce quartier en passant ne voient que la couche de crasse qui recouvre les maisons et portent rarement leur regard plus haut que le rez-de-chaussée. De quel charme peut bien être parée cette boutique enlaidie d'une enseigne lumineuse clignotante et criarde, d'une large vitrine souillée de chiures de mouche, de carreaux de verre rouges! Mais levez les yeux. Voilà de la belle pierre de taille, voilà des croisées, voilà les vieux crochets d'anciens volets de fer et, en dessous des deux étages de brique, l'on aperçoit de chaque côté les encorbellements qui marquent la limite inférieure du pignon disparu. Un examen plus poussé révélera d'autres détails: dans une

even artificial stone. Casement windows, with their small panes, have been replaced by aluminum sashes; and in some cases pillars have been removed at the ground-floor level to make room for wide shop windows, completely out of character with the building.

The trouble is that many casual visitors to the area cannot see beyond a coat of dirt, and rarely look above the ground-floor level.

What possible attraction can this shop have, with its gaudy, blinking electric sign, its wide, flyblown window surrounded by red glass tile ? But look above. There you will see carefully dressed limestone; and those are casement windows with the old pins for sheet-iron blinds; and just under those two brick stories you can see on either side the decorative corbel stones at the line of the old pitched roof.

Closer inspection might reveal that a great deal more of the original building has survived. There may be beams in the basement made of the trunks of huge cedar trees with the bark still on them; old fireplaces may lie concealed behind beaverboard partitions; the upper story may have its original

cave, des poutres faites d'énormes cèdres encore recouverts de leur écorce; de vieux âtres murés; des planchers de madriers assemblés à la main; les panneaux d'une fenêtre ou quelque placard de l'ancien temps.

Indépendamment de son potentiel commercial, le Vieux-Montréal a un rôle important à jouer. Le regain d'intérêt que suscite le quartier ne saurait être considéré comme rétrograde. On ne saurait accuser d'inconséquence celui qu'empoigne la vue des gratte-ciel du boulevard Dorchester et qui en même temps s'émeut en contemplant les pierres patinées de la vieille ville. C'est la vieille ville qui donne à la métropole sa vraie richesse, sa valeur profonde, car sans elle Montréal ne serait qu'une autre ville entre tant d'autres villes industrielles du vingtième siècle.

Les dessins de M. Wilson ne cherchent pas à embellir le Vieux-Montréal. S'ils ne cachent rien du délabrement du quartier, ils révèlent aussi son charme et son harmonie. On sent que M. Wilson aime ce quartier; mais son œil scrutateur, s'il capte tout le délicat travail d'une fenêtre ou d'une porte cochère, ne manque pas de saisir aussi, s'il le faut, la vulgarité d'une enseigne.

floor of pit-sawn boards; and there may even be some window panelling or a built-in cupboard of early design.

Quite apart from its commercial potentialities, Old Montreal has an even more important role to play. The enormous revival of interest in the quarter cannot be dismissed as a reactionary sentiment or a rejection of progress. There is nothing inconsistent in the attitude of the person who thrills to the shining new towers along Dorchester Boulevard and, at the same time, finds profound pleasure in the sight of the weathered stones of the old town. It is this old town which gives the metropolis its richness and depth, and without it Montreal would be almost indistinguishable from any other twentieth-century industrial community.

R. D. Wilson's drawings do not try to flatter Old Montreal. The delapidation is there, along with the charm of design and harmony of scale. His genuine affection for the buildings is tempered by a critical eye, which demands that the hot-dog sign be included as well as the delicate detail of a window or a carriageway.

Monsr Limeres Garden

This Rivulet is sometimes Dry

The Powder Magazine

B

Recolet Gate

The Parish Church

The Seminary

Recolets Convent & Gardens

The Garden of the Seminary

Garden of Mr Beauvie M.^r le Brun

The Nunnery Garden

The Nunnery Hospital

Mar ket Place

St. Peters River

B

The Small Gate

Market Gate

St. Marys Gate

Les Freres Charon or General Hospital

House of Monsr de Calliere

A Small Island

T

Plan of the Town & Fortifications of

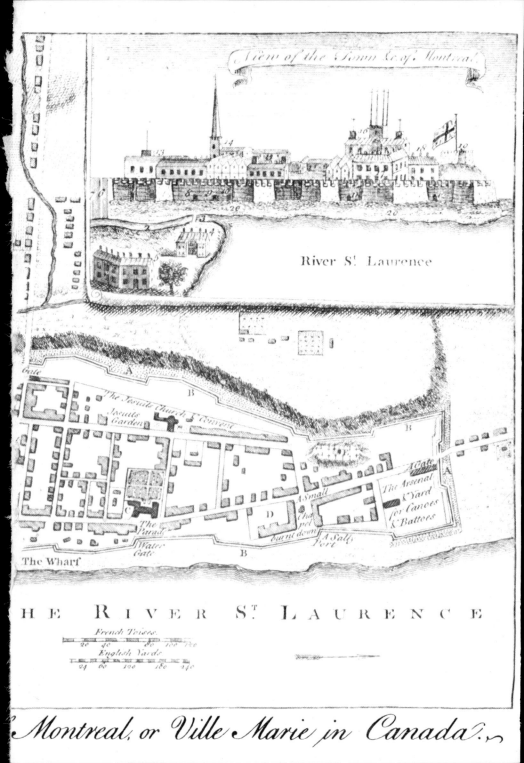

View of the Town &c. of Montreal

River St. Laurence

The Jesuits Church & Convent
Gate
Jesuits Garden
A
B
B
A
The Arsenal & Yard for Canoes & Battoes
A Gate
A Small Chapel burnt down
C
D
E
The Parade
Water Gate
A Salt Fort
The Wharf
B
B

THE RIVER ST. LAURENCE

French Toises.
20   40   60   100   120

English Yards.
24   60   120   180   240

Montreal, or Ville Marie in Canada.

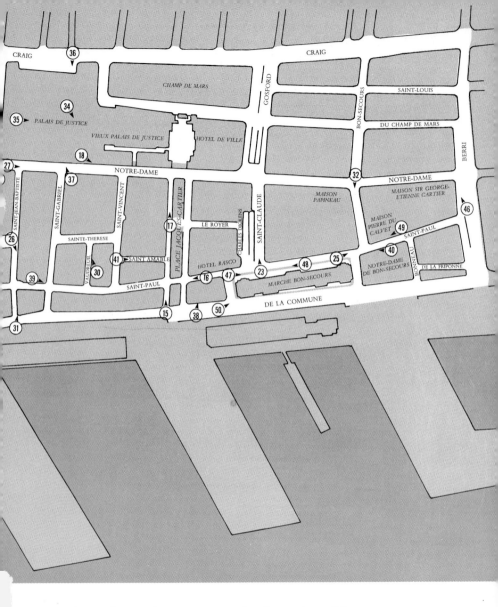

The numbers on the map correspond to the numbers of the
plates. They indicate the position from which the artist
drew the illustration.

Les numéros apparaissant sur le plan correspondent aux
numéros des planches. Ils indiquent les différents endroits où
se tenait l'artiste au moment où il dessina ses croquis.

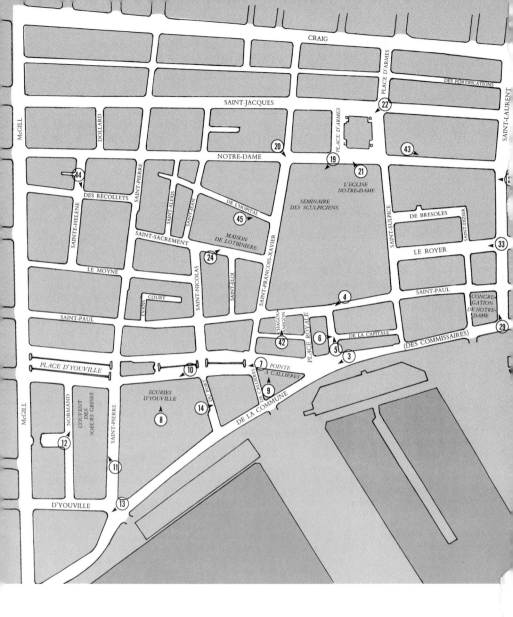

La grande renaissance religieuse qui fleurit en France, au début du dix-septième siècle, s'est manifestée en Amérique du Nord par la résolution bien arrêtée de convertir les indigènes au christianisme. Inspirés par les relations des Jésuites, quelques philanthropes français instituèrent la Société Notre-Dame de Montréal et dépêchèrent Paul de Chomedey de Maisonneuve au Canada, avec cinquante de ses compagnons, dans l'intention d'établir, en 1642, une mission chrétienne dans l'île du haut Saint-Laurent.

La Société fit faillite une vingtaine d'années plus tard. L'île devint alors la propriété féodale des Messieurs de Saint-Sulpice, ordre religieux fondé peu avant par Jean-Jacques Olier, l'un des premiers

One of the by-products of the great religious revival in France at the beginning of the seventeenth century was the urge to convert all the North American Indians to Christianity. Inspired by the reports sent home by the Jesuit missionaries, a group of French philanthropists formed the Association of Montreal, and they sent Paul de Chomedy, Sieur de Maisonneuve, to Canada along with some fifty others to found, in 1642, a Christian outpost on the island in the upper waters of the St. Lawrence. The company went bankrupt some twenty-one years later, and the entire island was handed over to the feudal proprietorship of the Gentlemen of St. Sulpice, a religious order founded a few years before by Jean-Jacques Olier, who had been

membres de la Société de Montréal. Maisonneuve fut rappelé en France peu après et les Sulpiciens prirent en main le gouvernement de la colonie. Ils demeurèrent les seigneurs de Montréal pendant tout le régime français; les Anglais ratifièrent plus tard leurs droits de propriété. En théorie, ceux-ci subsistent jusqu'à ce jour, bien que le système seigneurial ait été aboli officiellement en 1940.

Voilà comment le Vieux-Montréal se ressentit de l'influence des Sulpiciens. Ils dessinèrent la plupart des rues et des places, et leur donnèrent leur nom. Ils élevèrent l'église paroissiale qu'ils remplacèrent ultérieurement par Notre-Dame. Ils trouvèrent, pour Marguerite Bourgeoys, l'argent nécessaire à la construction de la petite chapelle de Notre-Dame de Bon-Secours, si chère aux marins. Enfin, c'est l'un d'eux, Dollier de

a member of the original Association of Montreal. Maisonneuve was retired to France shortly afterwards, and the direction of the colony was taken over by the Sulpicians themselves. They continued as seigneurs of Montreal throughout the French regime, and their authority was ratified by the British. In theory, it continues to the present day, although the last of the forms of the seigneurial system itself were abolished in 1940.

For these reasons, the influence of the Sulpicians is to be found throughout Old Montreal. It was they who laid out most of the streets and squares and gave them their names. It was they who built the parish church and later replaced it with Notre Dame. It was they who helped to raise the money for Marguerite Bourgeoys' little chapel of Notre Dame de Bon-Secours, popularly known as the sailors' church. And it was one of their

Casson, qui rédigea la première histoire détaillée de la colonie.

Les documents notariaux des archives de la Ville de Montréal indiquent que toute propriété de la vieille ville tire son origine d'un acte ou d'un bail la rattachant aux Sulpiciens.

Mais la situation géographique et le climat expliquent également la configuration et le caractère de la ville. L'existence d'îles protectrices près du rivage décida de l'emplacement des premiers débarquements et des premières constructions. Le contour des fortifications entourant la ville épouse en grande partie la forme d'une moraine sur laquelle la plupart des maisons avaient été construites. La rigueur des hivers canadiens forçait les colons à brûler d'énormes quantités de bois, ce qui provoqua de désastreuses conflagrations, d'où les maisons de pierre aux toits de tôle.

number, Dollier de Casson, who wrote the first detailed history of the colony.

Through the notarial documents in Montreal's court-house archives, any property can be traced back to a deed or a lease tying it to the Sulpician Seigneurs.

But geography and climate also had some influence over the shape and character of the town. The existence of some sheltering islands just off the shore line fixed the point at which the first landings were made and the first buildings were constructed. The outline of the fortifications around the town was determined to a large extent by the shape of the hump of glacier debris on which most of the houses had been built. The extreme cold of the Canadian winter obliged the colonists to burn a fantastic amount of wood fuel, which, in turn, led to a number of disastrous fires. As a result, most of the later houses were built of stone and roofed with tin.

Les deux rues qui se rencontrent à la statue de John Young délimitent la première partie de Montréal à être habitée. On appelle encore cet endroit la Pointe à Callières parce que la demeure de Louis-Hector, chevalier de Callières, gouverneur de Montréal à la fin du dix-septième siècle, s'y élevait tout près. Aujourd'hui, les débardeurs et les employés du port garent leurs voitures le long de la rue de la Commune, à gauche, qui fut autrefois un pâturage public ou commun, d'où le nom de la rue.

Dans la rue que l'on voit à droite, qui se situe dans le prolongement de la place d'Youville, coulait, il y a un peu plus de cent ans, la rivière Saint-Pierre qui se déversait dans le proche Saint-Laurent. La rivière passe encore sous la place d'Youville; mais elle coule dans d'énormes conduits et elle est l'un des débouchés des égouts de Montréal.

C'est à la Pointe à Callières que débarquèrent premièrement Cartier et Champlain, et enfin Maisonneuve et ses compagnons, en 1642. Parmi les plus anciennes constructions de la Pointe à Callières, on comptait un moulin et un fortin où se retranchaient les pionniers durant les fréquentes attaques des Indiens. Aujourd'hui, l'on trouve à la Pointe à Callières de nombreux exemples de maçonnerie ancienne.

The two streets which join at the statue of John Young mark the boundaries of the earliest inhabited piece of land in Montreal. It is still known as Pointe à Callières because the house of Louis-Hector, Chevalier de Callières, Governor of Montreal in the late seventeenth century, used to stand within a hundred feet of this spot. Stevedores and port officials now park their cars along Common Street on the left, which used to lead to a public pasture or common just west of McGill Street.

The street on the right, which forms an extension of Youville Square, was, until a little more than a hundred years ago, an open stream known as the Saint-Pierre River, which emptied directly into the St. Lawrence at this point. The stream still exists under Youville Square although it is now channelled through enormous ducts and serves as one of the main outlets to the city's sewage system.

It was on Pointe à Callières that the first landings were made by Cartier, then Champlain, and finally, in 1642, Maisonneuve and his company. Among the earliest buildings on the point were a mill and a stockade fort to which the

*Le Vieux-Marché (place Royale)
vu de la rue Saint-Paul*

*Old Market (Place Royale)
from St. Paul Street*

COLLECTION OF DRUMMOND
McCALL & CO. LIMITED

Le Vieux Marché (aujourd'hui place Royale) est probablement la plus ancienne place publique de la ville. Elle fut aménagée en 1676 et servit d'abord de champ de manœuvres, puis devint la place du marché et le resta jusqu'à l'aménagement du Nouveau Marché de la place Jacques-Cartier au début du dix-neuvième siècle.

Sur le dessin de M. Wilson, elle est au fond, vue de l'est dans l'axe de la rue Saint-Paul, avec au centre la Douane imposante construite vers 1830 par John Ostell dans le style néo-classique. Avant l'expansion du port, la rive du Saint-Laurent n'était qu'à environ soixante pieds de la façade de la Douane, et une estampe ancienne montre les beauprés des vaisseaux ancrés tout près de l'édifice.

pioneers retreated during the frequent Indian attacks in the early years. Even today, Pointe à Callières contains vast quantities of early masonry including the seventeenth-century hospital of the Charron Brothers, which later became the Mother House of the Grey Nuns.

The Old Market (now called Place Royale) is probably the oldest public meeting place in the city. It was laid out in 1676, first as a drill ground, then as a public market, and continued to function as such until the New Market was created on Jacques Cartier Square in the first decade of the nineteenth century.

In this view we are approaching it from the east along St. Paul Street, and we see the rear entrance of John Ostell's fine neo-classic Customs House, built in the middle of the market place in the 1830s. Before the expansion of the port, the shore of the St. Lawrence was not more than fifty or sixty feet from the front of the Customs House, and there is one early print showing the bowsprits of vessels anchored within a stone's throw of the building.

Old Market and Customs House

Le Vieux Marché vu de la rue des Commissaires. A gauche, la Douane de John Ostell. Au fond, une cour entourée de bâtiments peu élevés au-dessus de laquelle l'on devine les peupliers du jardin des Sulpiciens. Dans les parages de cette petite cour se dressait la maison de Maisonneuve, qui abrita plus tard le premier séminaire des Sulpiciens. A droite, la rue de la Capitale vue de l'ouest. Les ingénieurs qui dressèrent les fortifications de la ville, au début du dix-huitième siècle, reconnurent l'importance du marché en y faisant accéder l'une des cinq principales portes de la ville. C'est cette porte qui donnait sur le port et c'est par le port que naturellement arrivaient les renforts de Québec.

Looking up the Old Market Square on the east side of Ostell's building, you can see a shallow courtyard in the background and some Lombardy poplars showing above the walls of the Sulpician gardens. It is believed that in the region of this courtyard stood the house of Maisonneuve, which was later used as the first seminary of the Sulpicians. On the right of the market square, rue de la Capitale continues eastward. When the fortifications were built around Montreal in the early part of the eighteenth century, the importance of the market place was recognized by the engineers who made it one of the five principal entrances to the city. The gate opened directly onto the harbour which, particularly in those days, provided Montreal's lifeline to the older and more secure colony at Quebec.

Rue de la Capitale: maçonnerie ancienne et réseau d'échelles de sauvetage. On a peine à croire que cette rue fut autrefois l'une des plus animées de la ville. Sous l'ancien régime, elle abondait en tavernes que fréquentaient les rudes trafiquants de pelleterie auxquels succédèrent, après l'arrivée des Anglais, les *raftsmen* et les endiablés pionniers irlandais. Fleury de Mesplet y fixa son imprimerie où il tira le premier numéro de la *Gazette de Commerce et Littéraire* en 1778, l'ancêtre de la présente *Montreal Gazette*. Mesplet était venu de Philadelphie avec Benjamin Franklin quand l'armée révolutionnaire américaine occupa Montréal. Franklin espérait gagner les Canadiens à la cause américaine; les pamphlets bilingues de Mesplet devaient y contribuer. L'armée américaine battue à Québec, Franklin retourna prudemment à Philadelphie. Mesplet fut fort embarrassé. Comment ramener du jour au lendemain son encombrante et coûteuse presse à imprimer aux Etats-Unis! Il se ravisa et décida de rester chez les *British*. Il fut arrêté, interrogé, déclaré inoffensif et relâché quelques jours après. Il s'efforça pendant de nombreuses

The confusion of old masonry and fire-escapes along the eastern part of rue de la Capitale has little in it to suggest that this was one of the liveliest streets in the city. During the French regime it housed several taverns which were patronized by some of the rougher types in the fur trade, and after the arrival of the English the tradition was continued by the raftsmen and the irrepressible Irish pioneers. It was here that Fleury de Mesplet set up his printing press and turned out the first copy of *La Gazette de Commerce et Littéraire* in 1778, a paper which was later to become quite simply the Montreal *Gazette*. Mesplet had been brought from Philadelphia by Benjamin Franklin when the Army of the Continental Congress occupied Montreal. Franklin hoped to persuade the Canadians to join the American cause, with the aid of pamphlets turned out in both languages on Mesplet's press. When the Americans were defeated at Quebec, Franklin thought it prudent to return to Philadelphia. Mesplet, however, could not make arrangements to cart back his heavy and costly printing press on such short

années de se faire rembourser la somme rondelette que lui devait le gouvernement américain, proposa même de la partager avec le jeune pelletier John Jacob Astor, qui faisait régulièrement la navette entre Montréal et New York, s'il parvenait à convaincre le Congrès américain de payer sa dette, mais en vain.

La place d'Youville, ainsi nommée en l'honneur de Marguerite d'Youville, fondatrice de la congrégation des Soeurs Grises au dix-huitième siècle, est de construction plus récente que le vieux marché (place Royale), à ses côtés. Sa création fut retardée jusqu'au dix-neuvième siècle surtout à cause de la dépense qu'il fallait envisager pour couvrir la rivière Saint-Pierre qui coule maintenant sous le centre de la place (voir le plan de 1760). Dans le dessin de M. Wilson, qui est orienté de l'est à l'ouest, le centre de la place d'Youville est occupé par une caserne de pompiers, fantaisie victorienne où se mêlent les styles toscan et hollandais. A gauche, on voit la limite nord de la Pointe à Callières avec, au fond, la Douane moderne. A droite, le coin de la place et de la rue McGill représente l'angle sud-ouest des fortifications.

notice, and, rather than leave it behind, he decided to take his chances with the returning British. He was held for questioning for a few days, then released as harmless. Many years later he was still trying to collect the considerable sum owed him by the American government, and he even offered half of it to young John Jacob Astor, who travelled regularly between Montreal and New York for the fur trade, on condition that he persuade Congress to pay the bill They never did.

Named in honour of Marguerite d'Youville, who founded the order of Grey Nuns in the eighteenth century, Youville Square is of much more recent date than the Old Market (Place Royale) which adjoins it. Its creation was delayed until the nineteenth century mainly because of the expense of covering over the Saint Pierre River which now runs under the centre of this area (see the map of 1760). In R. D. Wilson's drawing which looks from east to west, the centre point of Youville Square is occupied by the fire station, a pleasant piece of Victorian fantasy in the Tuscany-Dutch style. On the left you have

La rivière Saint-Pierre fut d'abord recouverte de la rue McGill à l'emplacement de la caserne actuelle des pompiers. Sur l'espace ainsi récupéré fut installé le marché Sainte-Anne. On y construisit le Parlement des Deux Canadas. Lorsque lord Elgin, le gouverneur général, signa en 1849 la loi pour l'indemnisation des pertes provoquées par la rébellion de 1837, une bande de tories mécontents marcha sur le Parlement, l'incendia, allant jusqu'à empêcher les pompiers de combattre les flammes. Le Parlement fut alors transféré dans le bâtiment du marché Bon-Secours avant de quitter Montréal définitivement. L'ironie du sort veut que la caserne de pompiers d'aujourd'hui s'élève à peu près sur l'emplacement du Parlement incendié.

Au cours de la deuxième moitié du dix-neuvième siècle, les petits ponts qui enjambaient la rivière Saint-Pierre furent démolis et la place d'Youville prolongée jusqu'à la rue des Commissaires.

the north boundry of Pointe à Callières with the modern Customs House at the end of it. On the right, at the corner of the square and McGill Street, you have the south-west angle of the fortifications.

The river was first covered over from McGill Street to the point where the fire station stands, to create what was known as Ste. Anne's Market, where they built the parliament of the United Canadas. When the Governor General Lord Elgin approved the Rebellion Losses Bill in 1849, a group of disgruntled Tories marched on Ste. Anne's Market, where they not only set fire to the parliament buildings but fought off the firemen who tried to stop the blaze. Parliament was then moved to the Bon-Secours Market building and, eventually, out of Montreal altogether. Ironically, the fire station stands on approximately the same spot as the parliament.

Eventually, in the last half of the nineteenth century, the bridges which spanned the rest of the little river were removed, and the square was extended to join Commissioners Street to the east.

Des cours semblables à celle des Ecuries d'Youville étaient particulièrement caractéristiques de l'architecture du Vieux-Montréal. Elles répondaient à un besoin à la fois pratique et esthétique. Les maisons étaient construites sur la rue même. Le précieux espace laissé à l'arrière était occupé par un jardin entouré de murs ou de bâtiments, non pas dans le but de s'isoler, les Montréalais de l'époque étant au contraire plus liants et plus sociables que ceux d'aujourd'hui, mais pour des raisons de sécurité. En effet, dans les premiers temps de la colonie, on s'y mettait à l'abri des attaques indiennes. La tradition subsista après que le danger eut disparu. Ces murailles, qui protégeaient les jardins contre les extrêmes du climat, abritaient également glacières, écuries, remises et lieux d'aisances. Les écuries particulières se firent plus rares à mesure que se répandaient les écuries publiques et que les riches prenaient l'habitude de louer chevaux et voitures.

Courtyards like the one enclosed by Youville Stables were a striking feature of the architecture in Old Montreal. They served a practical, as well as an aesthetic, purpose. The house itself would be built right out to the edge of the property line, and any of the precious land left over was protected in the interior, either by garden walls or adjacent buildings. This had nothing to do with an unreasonable wish for privacy: it seems likely that the early Montrealers were much more gregarious and much more neighbourly than those of today. In the first years of the colony, one reason for this layout was to protect the inhabitants from Indian attacks. Then, as the tradition continued, it was found most convenient to protect the gardens from the extremes of the climate, and to enclose such facilities as the icehouse, the stables, the carriage house, and the privies. Private stables became less common as the public stables were developed and many of the more affluent citizens rented their horse and carriage. The others walked.

RDWilson '75

ROWDON - 75

De la rivière Saint-Pierre la seule trace visible qui reste est le bâtiment en brique et à un étage, aux fenêtres cintrées qui s'élève sur le côté nord de la place d'Youville et abrite les pompes des énormes conduites d'égout par lesquelles passe la rivière aujourd'hui. Les habitants du manoir de M. de Callières, situé de l'autre côté de la petite rivière, ont pu voir les habitations (au centre du dessin) qui bordent le côté nord de la place d'Youville. Les Montréalais du dix-huitième siècle auraient du mal à les reconnaître: certains pignons ont été remplacés par des toits plats, certaines maisons alourdies d'étages supplémentaires, certaines façades enduites de couleurs criardes.

The last visible trace of the Saint Pierre River is the one-story brick building with arched windows on the north side of Youville Square which shelters the pumping equipment for the enormous sewer ducts through which the river now flows. Some of the buildings on the north side of the square at this point are early enough to have been seen by the inhabitants of M. de Callières' manor house across the little river. But the eighteenth-century Montrealer would hardly recognize them. In some cases, the gables have been removed and the second floor simply covered with a flat roof. In others, extra storeys have been added, and the façades painted in screaming colours.

L'influence des Sœurs Grises grandissait. Elles acquirent presque toute l'étendue de la Pointe à Callières, dont une partie fut occupée par leurs propres bâtiments, tandis que d'autres terrains étaient loués à divers locataires. L'un des résultats les plus intéressants de cet arrangement fut un bâtiment long et bas, surmonté de pignons à chaque extrémité, chacun avec son œil-de-boeuf près du sommet. Construit au début du dix-neuvième siècle par un locataire des Sœurs Grises, il a été magnifiquement restauré sous le nom d'Ecuries d'Youville. Au centre, une porte cochère donne accès à une grande cour entourée de maisons de pierre dont certaines sont encore plus anciennes.

As the Grey Nuns grew in influence and importance, they acquired the larger part of Pointe à Callières, some of which was occupied by their own buildings while other sections were leased out to a variety of tenants. One of the more interesting results of this arrangement was a long low building topped by gables at either end, each with its œil-de-bœuf window in the gable. Built near the beginning of the nineteenth century by one of the Grey Nuns' lease-holders it has now been lavishly restored and is known as Youville Stables. In the centre of the building is a carriageway leading into a spacious courtyard around which are grouped a number of other stone buildings, some of even earlier date.

De nouvelles rues furent percées dans le vieux quartier, supprimant cours particulières et édifices importants. Par exemple, au début du siècle, la rue Saint-Pierre fut prolongée au-delà de la place d'Youville et de la Pointe à Callières; il fallut pour cela sacrifier la chapelle du couvent des Sœurs Grises. Une bonne partie du grand mur recourbé de l'abside est encore visible, ainsi que les ruines de la sacristie attenante. Heureusement, la partie la plus ancienne du couvent fut préservée. M. Wilson en montre le toit et les cheminées, en haut à gauche, au-delà des vestiges de la chapelle.

Le devant de l'ancien couvent des Sœurs Grises donne sur la rue Normand, au sud de la place d'Youville. Ce couvent fait partie du plus important ensemble de constructions qui se trouve dans le vieux quartier et qui date du dix-huitième et même d'avant le dix-huitième siècle. Sa restauration mérite d'être fortement encouragée.

Many of these private courtyards disappeared with the city's road-building projects through the old quarter, and in some cases buildings of great importance were sacrificed in the process. St. Pierre Street, for instance, was extended across Youville Square and Pointe à Callières in the early years of this century, and one of its victims was the chapel of the Grey Nuns' convent. A large section of the great curved wall of the apse is still to be seen, and just to the south of it are the ruins of the building which served as the sacristy. The earliest part of the convent proper escaped, however, and in R. D. Wilson's drawing you can see its roof and chimneys beyond the remains of the chapel.

The front of the old Grey Nuns' convent faces onto Normand Street, just south of Youville Square. It is probably the largest assemblage of eighteenth- and pre-eighteenth-century buildings we have in the old quarter, and a restoration

Ruines de la chapelle des Sœurs Grises

Ruins of Grey Nuns' Chapel

La partie centrale du couvent, à droite sur le dessin, fut élevée dans la seconde moitié du dix-septième siècle par les Frères Charron, membres d'un ordre religieux voué aux vieillards et aux indigents. Cette communauté se consacrait principalement aux jeunes gens qu'attirait la vie religieuse et c'est parmi ceux-ci que l'on rencontre quelques-uns des premiers artisans et artistes de la nouvelle colonie: Charles Chaboillez, par exemple, menuisier de talent et ancêtre de la femme de Simon McTavish, ainsi que Pierre LeBer qui a laissé le portrait de Marguerite Bourgeoys. Mme d'Youville acheta le couvent en 1747 pour y loger sa congrégation des Sœurs de la Charité (les Sœurs Grises d'aujourd'hui) alors de fondation récente. Les Sœurs Grises occupent leur couvent actuel, au coin des rues Guy et Dorchester, depuis le 7 octobre 1871; elles demeurent toutefois propriétaires de leur première maison, ainsi que de beaucoup d'autres propriétés de l'ancienne Pointe à Callières.

project that deserves the highest priority. The central part of the structure, which dominates the right side of Wilson's drawing, was built in the last part of the seventeenth century by the Charron Brothers, a religious order founded for the care of the old and needy. Part of the service offered by the order seems to have been vocational training, and a number of the young colony's first craftsmen and artists were members, including Charles Chaboillez, a gifted woodworker and ancestor of Simon McTavish's partner, and Pierre LeBer, who painted the portrait of Marguerite Bourgeoys. The building was acquired by Mme d'Youville in 1747 for her newly founded order of Sœurs de la Charité (known officially today as the Grey Nuns). The Grey Nuns moved to their present building on the corner of Guy and Dorchester on October 7, 1871, but they remain the owners of their first convent as well as many other properties in the old Pointe à Callières.

A quelques 90 mètres du couvent des Sœurs Grises, près de l'angle des rues Saint-Pierre et de la Commune, se dressent deux immeubles étroitement reliés aux jours prospères du vieux port. Celui de droite, au porche classique et lanterneau, fut construit par la famille Allan et demeura le siège de leur compagnie de transport maritime jusqu'en 1917, alors qu'il fut cédé au Canadien Pacifique. Une bonne partie des finitions intérieures évoquent encore les années 1860. L'immeuble victorien de gauche, plus récent, abritait les bureaux des commissaires du port. C'est un lieu tout désigné pour un musée traitant de l'histoire de l'industrie maritime. En ce moment, le locataire y vend des produits de la République populaire de Chine. Au pas, Allan !

A hundred yards south of the Grey Nuns' convent, near the corner of Saint Peter and Commune streets, stand two buildings closely associated with the most prosperous days of the old port. The one on the right, with the classical porch and the roof lantern, was built by the Allan family, and served as headquarters of the Allan Line, Montreal's leading shipping company until it was taken over by the Canadian Pacific in 1917. Much of the interior finish, which suggests the eighteen-sixties, has managed to survive. The Victorian building to the left, of more recent vintage, once housed the offices of the Harbour Commissioners, who directed the development of the port. It would be difficult to imagine a more appropriate location for a museum dealing with a history of the shipping industry. At the time of writing, the tenant is a commercial outlet for goods from communist China. Pace, Allan !

13 / *L'immeuble des commissaires du port et l'ancien siège social de la compagnie Allan*

Old Harbour Commissioners' building and former head office of the Allan line

La topographie des premières cartes de la ville est imprécise et l'on ne sait exactement où se trouvait le manoir du gouverneur de Callières. A quelques pieds près, cette mystérieuse porte de la rue du Port en marque peut-être l'emplacement. Le bâtiment lui-même est tellement composite qu'il est difficile d'en fixer la date. Les Montréalais d'autrefois ne démolissaient point les vieux murs, quand ils étaient solides, et l'on a découvert maintes maisons anciennes sous des constructions modernes. Même les couches de maçonnerie qui ont survécu aux incendies qui rasaient le secteur de temps à autre étaient réparées et intégrées aux immeubles neufs.

Les Montréalais connaissent bien la place Jacques-Cartier même s'ils en ignorent le nom. Jusqu'au début des années soixante, cette place était occupée par un marché de légumes rattaché au marché Bon-Secours de la rue Saint-Paul. Pour cette raison, on s'obstine à appeler cette place le marché Bon-Secours. Sous le régime français s'y trouvaient les jardins du palais du gouverneur, lequel se trouvait

Because of the rather casual character of the early maps, no one can say exactly where Louis-Hector de Callières' manor house stood. Allowing for a few yards either way, however, this mysterious doorway on Du Port Street could be the location. The building itself is of such mixed origin that it would be difficult to fix a date for it. In redeveloping their properties, the early Montrealers rarely destroyed any existing buildings, providing the masonry was in good condition, and many ancient houses have been rediscovered within more modern structures. Even the masonry shells that survived the disastrous fires which swept the area from time to time were repaired and incorporated in new buildings.

One of the few spots that was widely recognized, even before the revival of Old Montreal, was Jacques Cartier Square, although many Montrealers did not know it by that name. Until the early

un peu à droite de l'emplacement
où M. Wilson a exécuté son dessin.
Ces jardins, qui s'étendaient jusque
derrière les maisons qui sont à
gauche sur le dessin, comptaient
parmi les plus beaux de la ville.
On venait de toutes parts pour les
admirer. Après l'arrivée des Anglais, le palais du gouverneur fut
converti en école, puis rasé par les
flammes, en 1803. La ville expro-
pria alors la totalité des terrains, en
subdivisa la partie occidentale, et
fixa l'emplacement de la place actuelle. Il fut un temps où une partie
de l'hôtel de ville, tel qu'on le
voit sur le dessin, était cachée par
une vieille maison qui appartint
successivement à la famille Bécan-
cour et à James McGill, et qui a été
détruite, il y a environ cinquante
ans, pour faire place à un terrain de
stationnement municipal.

Les bureaux de l'hôtel de ville
furent pendant de nombreuses
années situés dans le bâtiment du
marché Bon-Secours. C'est en 1878
qu'ils s'installèrent dans l'édifice
qu'on aperçoit au fond, non loin de
l'emplacement d'une église de
Jésuites, aujourd'hui disparue.
Cet édifice reste un bel exemple du
style Renaissance à l'époque victorienne.

15 / *La place Jacques-Cartier*
Jacques Cartier Square
COLLECTION DE
M. ET MME JACQUES ROY

sixties, it was the site of an open air
vegetable market, attached to the
nearby Bon-Secours Market building on St. Paul Street, and for this
reason a number of people continue
to call the square "Bon-Secours."
During the French regime it was
the garden of the governor's palace, which was a little to the right
of the point where Wilson stood
to make this drawing. The gardens
extended several yards beyond the
line of buildings on the west side,
and were one of the show places of
the city. After the arrival of the
British, the governor's palace was
turned into a achool, and in 1803
the building burned to the ground.
The city then expropriated the
grounds, subdivided the properties
on the west side, and created the
present square. At one time this
view onto city hall was partially
blocked by an ancient house which
belonged variously to the Bécan-
cour family and James McGill. It
was demolished about fifty years
ago and the site is now occupied
by a city parking lot.

The municipal government was
housed in the Bon-Secours Market
building for many years, and moved
in 1878 into the building shown in
the background, which stands near
the site of an old Jesuit church. It
still holds its own as a fine example
of Victorian-Renaissance design.

Sur ce dessin, la rue Saint-Paul vue de la place Jacques-Cartier en regardant vers l'ouest présente une courbe élégante, qui n'a pas changé depuis le régime français. La maison à pignon, vers le milieu, fut construite après 1803 comme la plupart des bâtiments de ce pâté. Appelée maison Del Vecchio, elle a été restaurée récemment par la Canadian Industries Limited. La troisième maison plus loin est celle du Patriote qui fut, comme les autres, restaurée avec soin. Il ne s'agit nullement d'un lieu de rencontre des insurgés de 1837. Cette appellation provient probablement du fait qu'au rez-de-chaussée de cette maison logea longtemps un bureau de tabac et que l'enseigne de bois de cette boutique représentait un «habitant» revêtu de la tuque et de la ceinture fléchée traditionnelles. L'immeuble situé à l'ouest de la maison du patriote appartenait au domaine de la famille Viger, famille dont fut issu le premier maire de Montréal et plusieurs hommes politiques distingués. Cet immeuble a longtemps abrité les presses de *La Minerve,* le journal de langue française le plus influent du début du dix-neuvième siècle.

Looking west on St. Paul Street across Jacques Cartier Square, you will see a lovely curve of buildings which follows the meandering street line of the French regime. The house with the pitched roof, in the middle ground, was built after 1803 like most of those beyond it in the block. It is known as the Del Vecchio house, and was recently restored by Canadian Industries Ltd. The third house beyond it was known as The Patriot's House, which, like the others, has been restored with care. It was not, as the name suggests, a gathering place for the rebels of 1837. The name probably came from the fact that the ground floor was occupied by a tobacco store for many years, and the sign for the shop was the wooden figure of an habitant dressed in the traditional patriot's tuque and *ceinture fléchée.* The building just to the west of the Patriot's House was part of the estate of the Vigers, the family which produced Montreal's first mayor and a number of distinguished politicians. It housed the printing press of *La Minerve,* the most influential French language newspaper of the early nineteenth century.

16 / *La rue Saint-Paul allant vers l'ouest et vue de la place Jacques-Cartier*

St. Paul Street looking west from Jacques Cartier Square

Le monument de lord Nelson, situé au nord de la place Jacques-Cartier, fut le premier à être élevé à la mémoire du héros de Trafalgar, n'importe où dans le monde. Parce que le port était fermé pendant la saison hivernale, la nouvelle de la victoire parvint à Montréal via New York avec deux mois de retard. Le communiqué fut lu à haute voix devant une assemblée réunie au café « Exchange Coffee House » pour la nouvelle année. Un enthousiasme délirant accueillit la nouvelle, et on proposa immédiatement d'ériger un monument commémoratif. Certains donateurs s'exécutèrent sur le champ. Au cours des semaines suivantes, de nombreux noms vinrent grossir leur liste au Palais de justice. Parmi les principaux donateurs, on comptait les Messieurs de Saint-Sulpice et les membres de nombreuses familles canadiennes françaises bien connues. Achevé en 1809, le monument fut l'objet d'assez vifs débats parce que Nelson y est représenté le dos tourné au Saint-Laurent et à la place Jacques-Cartier. En face de la colonne, de l'autre côté de la rue Notre-Dame, s'élève la statue de Jean Vauquelin, capitaine de la marine de guerre française, qui se distingua aux batailles de Louisbourg et de Québec.

La place Jacques-Cartier et / 17
l'hôtel de ville
Jacques Cartier Square and City Hall

The monument to Lord Nelson at the north end of Jacques Cartier Square was the first such tribute to the hero of Trafalgar anywhere in the world. Because river navigation was closed for the winter, the report of the victory arrived in Montreal by way of New York more than two months later. The news was read aloud at a New Year's social assembly in the Exchange Coffee House, where enthusiasm ran so high that it was suggested that money be raised for a monument. A number of people subscribed on the spot, and the list was left open in the old court house, where others added their names during the succeeding weeks. Prominent among the donors were the Gentlemen of Saint Sulpice and a number of well-known French-Canadian families. The monument was completed in 1809 and was the subject of a good deal of criticism because Nelson is represented as turning his back on the river. Facing Nelson from a little square across Notre Dame Street is the statue of Jean Vauquelin, a captain in the French navy who distinguished himself for valour at the battles of Louisburg and Quebec.

RD Wilson '63

Pour croquer cette scène, M. Wilson s'est posté en face du vieux Palais de justice, en regardant vers l'est de la rue Notre-Dame. Il a étonnamment réussi à capter l'atmosphère de petite ville du vieux quartier. On y voit, à droite, la dernière survivante d'un ensemble de maisons construites aux alentours de 1720. C'est dans l'une d'elles que naquit le premier évêque de Montréal, Mgr Lartigue. Restaurée par la société La Sauvegarde, elle abrite maintenant une galerie d'art. Sa voisine est plus ancienne qu'on ne le croirait; à l'examen, les deux étages supérieurs et le toit mansardé se révèlent de construction plus récente. Le rez-de-chaussée de cette bâtisse offre un parfait exemple de modernisation réalisée sans goût ni jugement non seulement dans le Vieux-Montréal, mais par toute la ville. La pierre calcaire de la façade a été recouverte en similipierre de diverses teintes. Plus à gauche, au coin de la place Jacques-Cartier, se trouve un ancien édifice qui a servi tour à tour de résidence, d'hôtel, de débit de boissons (le «Silver Dollar») et enfin de bureau de tabac. Il est souvent reproduit sur des gravures du début du dix-neuvième siècle.

Looking east along Notre Dame Street from a point in front of the old court house, Wilson has succeeded in capturing some of the small-town atmosphere of the old quarter. On the extreme right is the last of a row of houses built around 1720, a row which included the birthplace of Montreal's first Roman Catholic Bishop, Monseigneur Lartigue. It has now been restored by the Sauvegarde company and serves as an art gallery. Its neighbour was a building of much earlier vintage than it appears, and closer inspection shows that the two top storeys and the mansard roof were added at a later date. On the ground floor is to be found an example of the misguided and tasteless modernization which disfigures so many fine buildings, not only in the old quarter but throughout Montreal. The limestone front has been covered by artificial stone in a multitude of colours. Next, on the corner of Jacques Cartier Square, is an ancient building which has served at various times as a residence, a hotel, a saloon called "The Silver Dollar," and, finally, a tobacco shop. It appears in many of the early nineteenth-century prints of the area.

Maisons de la rue Notre-Dame, en face du vieux Palais de justice

Houses opposite old Court House, Notre Dame Street

En sa qualité de supérieur des Messieurs de Saint-Sulpice vers la fin du dix-septième siècle, François Dollier de Casson fut le seigneur de toute l'île de Montréal acquise par son ordre, en 1663. L'un des projets auxquels il s'intéressa le plus est le séminaire situé du côté sud de la place d'Armes, qu'il commença vers la fin du dix-septième siècle. L'une des constructions de l'époque les mieux conservées du Vieux-Montréal, elle comporte à l'arrière un vaste jardin qui reste fidèle aux représentations qu'on en fit au début du dix-huitième siècle — sauf qu'il a été laissé à l'abandon honteusement.

Autrefois, le séminaire faisait face à l'ancienne église paroissiale conçue par l'architecte Chaussegros de Léry, l'auteur des fortifications. L'église était située place d'Armes, en travers de la rue Notre-Dame; elle y demeura jusqu'à ce que le gros œuvre de l'actuelle église Notre-Dame fût achevé en 1830. Mais cette église fut lente à disparaître. On en adapta la façade de style baroque à l'église des Pères Récollets, située à l'ouest de la vieille ville, et son campanille fut conservé jusqu'à l'achèvement des clochers de Notre-Dame, en 1843.

François Dollier de Casson, as Superior of the Gentlemen of Saint Sulpice in the last quarter of the seventeenth century was, in effect, seigneur of the entire island of Montreal, which had been acquired by the order in 1663. One of Casson's favourite projects was this seminary on the south side of Place d'Armes, which he began near the end of the seventeenth century. It is probably the best-preserved building of the period in Old Montreal, and even the large garden at the rear of the building seems to have changed very little from the form depicted in the early eighteenth-century maps — except that it has been shamefully neglected.

At one time the seminary faced the old parish church, the façade of which was designed by Chaussegros de Léry, the architect of the fortifications. The church interrupted Notre Dame Street at Place d'Armes, and remained standing until the main part of the present Notre Dame Church was completed in 1830. But Léry's work did not disappear all at once. His baroque façade was incorporated in the church of the Récollet Fathers at the west of the old town, and the bell tower was left standing alone until Notre Dame was able to house its own bells in 1843.

19 / *Le séminaire des Sulpiciens*
Sulpician Seminary

Les cloches de l'église Notre-Dame ont été fondues en Angleterre, en 1843. La plus grosse, le «gros bourdon», se fêla et dut être refondue en 1847. Cette énorme cloche mesure huit pieds de haut et pèse 24,700 livres; elle compte parmi les plus grosses du monde. Sur le bord de chacune des principales cloches, une dédicace fut gravée à la requête du donateur: la plus grosse est dédiée à la Sainte Vierge et à saint Jean-Baptiste, la seconde à la reine Victoria, la troisième au prince Albert, et chacune des huit autres aux donateurs eux-mêmes. Le dessin de M.Wilson, fait rue Notre-Dame au coin de la rue Saint-François-Xavier, montre l'église et l'ancien séminaire immédiatement à sa droite. L'église elle-même est l'œuvre de l'architecte irlandais américain James O'Donnell. La pierre angulaire fut posée en septembre 1824. L'église est la première construction importante de style néogothique à Montréal; elle reste l'un des plus beaux exemples de ce genre en Amérique du Nord.

O'Donnell mourut en 1830, à l'âge de cinquante-six ans. Il ne devait pas voir son église achevée. L'œuvre de O'Donnell fut terminée par John Ostell qui éleva également l'édifice situé à droite de l'église, entre l'église et le séminaire des Sulpiciens, et qui abrite les bureaux d'administration.

The bells of Notre Dame Church were cast in England in 1843, but the largest one, Le Gros Bourdon, developed a crack and had to be recast in 1847. It is eight feet high, weighs 24,700 pounds, and is still one of the largest bells in the world. Each of the principal bells in the towers bears a special dedication inscribed on its rim at the request of the donor: the largest one to the Virgin Mary and St. Jean Baptiste, the second to Queen Victoria, the third to Prince Albert, and each of the other eight to the donors themselves. Wilson's view, looking east along Notre Dame Street from the corner of St. François Xavier, shows the church in relation to the ancient seminary on its right. The church itself was designed by an Irish-American architect, James O'Donnell, and the cornerstone was laid in September 1824. It was the first important building in the new Gothic revival style in Montreal, and it remains one of the finest examples of this type of architecture in North America. O'Donnell did not live to see his church completed. His work was continued by John Ostell, who also designed the administration building to the west of the church.

R.A.Wilson-61

La place d'Armes, vue du porche de l'église Notre-Dame, est située au point de rencontre du Vieux-Montréal et du quartier de la haute finance que forme la rue Saint-Jacques. Au-dessus de la grille, à droite, s'arrondit la coupole de la Banque de Montréal, la plus ancienne du Canada, puisqu'elle a été fondée en 1817.

Cette place publique de modestes dimensions a joué un rôle prépondérant dans l'histoire de la ville. Elle fut le théâtre de la plus rude bataille que Maisonneuve eut à soutenir contre les Iroquois et au cours de laquelle le chef de ces guerriers périt de sa propre main. Sur deux édifices de la place ont été apposées des plaques révélant que dans ces parages habitèrent La Mothe Cadillac, le fondateur de la ville de Détroit, ainsi que Daniel de Grésolon, sieur Dulhut, qui explora le haut Mississippi et en l'honneur de qui la ville de Duluth fut baptisée.

Jusqu'au début des années 1960, la place d'Armes a évité les gratte-ciel, à l'exception plutôt bénigne de l'immeuble Aldred, maintenant admiré comme un exemple d'art

Place d'Armes, seen here from the porch of Notre Dame Church, forms a dividing line between the older part of the city and the towers of high finance along St. James Street. In the background on the right can be seen the dome of the Bank of Montreal, the oldest bank in Canada (founded in 1817).

This small open square has always played an important role in the history of the city. It was in this region that Maisonneuve is supposed to have fought his battle with the Iroquois, killing the chief with his own hands. And on two of the buildings around the square there are plaques telling us that here lived La Mothe Cadillac, who founded Detroit, and Daniel de Grésolon, Sieur Dulhut, who explored the upper Mississippi and for whom the city of Duluth is named. Until the early nineteen sixties, Place d'Armes managed to fend off the skyscraper, with the rather mild exception of the Aldred building, which is now admired as an example of "Art-Déco." Since this drawing was made, however, the city authorities permitted the demolition of the buildings on the left which were then replaced

déco. Depuis, toutefois, le gouvernement municipal a autorisé la
démolition des immeubles situés à
gauche du dessin. Ils furent remplacés par la tour sans âme de la
Banque Canadienne Nationale,
qu'on voit de l'angle nord-ouest.
O dieux! O Montréal!

Claude de Ramezay, nommé
gouverneur de Montréal en 1703,
confia deux ans plus tard à un architecte et maître-maçon du nom
de Couturier, le soin de construire
son manoir. Quand on songe à tous
les efforts déployés pour le conce-
voir et le bâtir, on ne peut que
regretter qu'il ait été si mal traité
par la suite. Il resta le siège du
gouvernement après l'arrivée des
Anglais, mais, à partir de 1820 il fut
modernisé plusieurs fois. Quelque bonne âme romantique suggéra
l'addition d'une tourelle que François 1er n'eût sans doute pas désa-
vouée, mais qui jurait avec le style
du manoir. Il se peut que la tourelle
en question ait inspiré le titre subsé-
quent de «château». Enfin, quelques échevins peu clairvoyants en
préconisèrent la démolition. Sous
prétexte que le terrain valait très

by the faceless and totally inap-
propriate tower of the Banque
Canadienne Nationale, which
dominates Wilson's more recent
sketch of the square, seen from the
northeast corner. Oh God, oh
Montreal!

Claude de Ramezay, Governor
of Montreal, hired a master stone-
mason and architect by the name
of Couturier to build his manor
house in 1705. Considering the
amount of fond labour and imagination which must have gone into
such a building as this, it is difficult
to understand the abuses it suffered
in later years. After the arrival of
the British, it continued to be the
Government House, but from the
1820s onwards it was subjected to a
series of "modernizations." Some
late romantic spirit then suggested
the addition of a turret in a style
which François 1 might have recognized but which bore no
relation to the architecture of
the building (it may have been
this that inspired the title of "chateau"). Finally a number of particularly shortsighted aldermen urged

cher, ils voulaient le diviser et y
construire de nouveaux bâtiments
qui contribueraient à augmenter les
revenus de la ville. Mais on avait
compté sans la « Antiquarian and
Numismatic Society» qui obtint
de la ville la location de la propriété avant d'en devenir acqué-
reur, en 1929. La malheureuse
«restauration» de l'immeuble,
entreprise par la société il y a
quelques années, a éliminé toutes
traces de ses divers occupants pour
en faire un manoir dix-huitième
siècle à laWilliamsburg. Seule
l'infrastructure est originale.

A peine quelques-unes des plus
imposantes demeures du régime
français ont survécu. La maison du
marquis de Lotbinière, ingénieur
sous Montcalm, n'est pas tout à
fait dans cette catégorie. Le
marquis vivait en grand appa-
rat la majeure partie de l'année
dans la seigneurie qui porte encore
son nom et qui se trouve sur la rive
sud du Saint-Laurent, près de Québec. La maison de la rue Saint-
Sacrement était sa demeure cita-
dine. Elle date de la moitié du dix-
huitième siècle. Le stuc délicate-
ment appliqué qui la recouvre, la

the demolition of the old government house on the grounds that the
land was particularly valuable and
could be subdivided for new buildings which would produce addi-
tional revenue. It was then that the
Antiquarian and Numismatic Society stepped in. They persuaded
the city to lease the property to
their organization, and finally
became proprietors in 1929. The
unfortunate "restoration" of the
building, undertaken by the society
a few years ago, swept away all
traces of its various occupants in
order to create a theoretical manor
house of the early eighteenth
century, à la Williamsburg. Now
only the shell of the building is
original.

Few of the grander homes of the
French regime have survived in
Old Montreal. Even the house of
the Marquis de Lotbinière, engineer
to General Montcalm, can hardly
be considered an example. For a
large part of the year he lived in
state in the seigneury which still
bears his name, on the south shore
of the St. Lawrence near Quebec
City. The building on St. Sacra-

*Le château de Ramezay et
l'hôtel de ville*

*Chateau de Ramezay and
City Hall*

forme des lucarnes, l'entrée principale surmontée du classique fronton
pyramidal, démontrent que la maison a été rajeunie au début du dix-
neuvième siècle. La compagnie
Robert Reford y a depuis élu résidence et l'entretient avec amour.
C'est là l'un des premiers exemples
de l'intérêt qu'on prend aujourd'hui
à la conservation du vieux quartier.
Soit dit en passant, le marquis de
Lotbinière fut l'architecte du fort
Carillon (aujourd'hui, le fort
Ticonderoga).

L'édifice voisin, construit aux
environs de 1860, fut le siège de la
première Bourse de Montréal qui,
par la suite, fut transférée dans
son propre immeuble, rue Saint-
François-Xavier (maintenant siège
du Théâtre Centaur) et finalement
à la Place Victoria.

Dans tout le Vieux-Montréal, il
n'est probablement pas de maison
qui ait été photographiée, peinte et
admirée autant que celle de Pierre
du Calvet. Elle est située au coin

La maison Lotbinière, / 2.
rue Saint-Sacrement

Lotbinière house,
St. Sacrament Street

COLLECTION OF THE
ROBERT REFORD CO. LTD

ment Street was only his town
house, and was probably put up
sometime around the middle of the
eighteenth century. Judging from
the delicate stucco work, the shape
of the dormers, and the doorway
with its classical pediment, the
house was given a face lifting in the
early nineteenth century. It has now
been adapted for the offices of the
Robert Reford Company, which
has lavished a good deal of care on
its maintenance. This is one of the
first examples of deliberate conservation in the old quarter. The
Marquis de Lotbinière, it should be
mentioned, was the architect of
Fort Carillon (Ticonderoga).

The neighbouring building,
which probably dates from the
1860s, was the seat of the first
Stock Exchange, which eventually
moved around the corner to its
own building on St. Francis Xavier
Street (now the Centaur Theatre)
and finally into Place Victoria.

Probably no other house in the
whole of Old Montreal has been
photographed, painted, and admired as much as the home of
Pierre du Calvet. It stands on the

nord-est de la rue Saint-Paul, à l'angle de la rue du Bon-Secours, presque en face de la petite église de Marguerite Bourgeoys. Calvet n'a pas bâti cette maison; il l'a habitée quelques années à peine. L'édifice reste cependant attaché à sa mémoire, surtout à cause de la notoriété que le personnage acquit lors de la révolution américaine. Marchand d'étoffes de son métier, il était intrigant par vocation. Français et protestant, Calvet débarqua à Montréal après la cession et gagna si bien la confiance du gouvernement militaire qu'il fut nommé juge de paix en 1766.

A l'époque de la révolution américaine, toutefois, il ne put résister à l'offre de contrats très avantageux par lesquels il devenait fournisseur de l'Armée du Congrès continental. Sous les apparences de la plus stricte loyauté, il entra en pourparlers avec l'envahisseur. Calvet fut démasqué, jugé et condamné en 1780 à trois ans de prison.

Les grands magasins Ogilvy ont acheté cette demeure et l'ont restaurée à grands frais pour aider à la renaissance du Vieux-Montréal.

north-east corner of St. Paul Street and Bon-Secours Street, almost opposite Marguerite Bourgeoys' little church. Calvet did not build it, nor did he occupy it for more than a few years, but the notoriety he acquired at the time of the American Revolution fixed his name to the building for all time. He was a draper by profession, but an intriguer by avocation. A French Huguenot, he arrived in Montreal after the cession, and so won the confidence of the military government that he was named Justice of the Peace in 1766. At the time of the American Revolution, however, he could not resist the fat contracts offered him as a supplier to the Army of the Continental Congress. While maintaining his loyal exterior, he entered into negotiations with the invading army and was even given a secret commission. Calvet's complicity was exposed, and he was tried and sentenced in 1780 to three years in prison.

Acquired in the early sixties by the Jas. A. Ogilvy department store, the house was lavishly restored as their contribution to the revival of Old Montreal.

25 / *La maison de Pierre du Calvet*
Calvet house

Les Sœurs de la Congrégation
voyaient d'un œil désapprobateur
le beau monde frivole qui allait
et venait sans cesse par la porte
cochère (à gauche) d'une maison
qui se trouvait alors en face de leur
couvent, rue Saint-Jean-Baptiste et
qui était celle de Simon McTavish,
premier millionnaire de Montréal
et souverain du vaste empire de
pelleterie établi par la Compagnie
du Nord-Ouest. McTavish recevait
avec une magnificence qui lui valut
le surnom de «marquis». La con-
trariété des religieuses dut cependant s'apaiser quand il épousa, en
1793, Marie-Marguerite Chaboillez,
la fille de l'un de ses confrères.
«L'une des plus belles femmes que
j'ai jamais vues» assure un voyageur
de passage à Montréal. McTavish
dépensa une fortune pour l'aménagement de sa maison, afin de
plaire à sa jeune épouse: tapis
luxueux dans toutes les pièces,
faïence et poterie neuves, meubles
nouveaux, bibliothèque de musi-
que, et une cave généreusement
garnie.

Plus tard, McTavish bâtit un
véritable palais pour sa famille, au
flanc du Mont-Royal, en haut de la
rue qui porte aujourd'hui son nom.
Il mourut avant de l'achever, et sa
famille n'en termina point la
construction.

McTavish house,
St. Jean Baptiste Street

The Congregation Nuns used to
cluck their tongues in disapproval
at the quantities of frivolous traffic
that passed through this arched
carriageway, (left foreground)
which used to face their convent
across St. Jean Baptiste Street. It was
the home of Simon McTavish,
Montreal's first millionaire, and
ruler of the vast fur-trade empire
built up by the North West Company. He was an enthusiastic party-
giver, and his lavish entertainments
won him the nickname of "Marquis." The good sisters must have
been somewhat mollified, however, when he married Marie Marguerite Chaboillez, the daughter of
one of his business colleagues, in
1793. She was described by one
Montreal visitor as "one of the
most beautiful women I ever met."
McTavish spent a small fortune
fixing up the house for his young
bride: new carpets throughout,
new earthenware and crockery,
new furniture, a music library, and
a generous stock of imported wines.
Later in his career, McTavish built
a palace for his family on the slopes
of Mount Royal at the head of the
street which now bears his name.
He died before completing it, however, and his family abandoned the
project.

John Ostell arriva d'Angleterre au Canada au début du dix-neuvième siècle. Le jeune homme était probablement ingénieur, bien qu'il fît preuve d'une préférence marquée pour l'architecture.

L'une des premières constructions qu'il fut appelé à élever fut la Douane de la place Royale, vers 1830 (voir la planche 4). Vingt ans plus tard, il conçut le Palais de justice de la rue Notre-Dame, que l'on appelle le vieux Palais de justice, et que l'on voit à gauche dans le dessin de M. Wilson, un coin au delà du nouveau Palais de justice. L'immeuble est le siège du comité organisateur des Jeux Olympiques de 1976. Les entrées du rez-de-chaussée ont été, pour des raisons inconnues, recouvertes de ciment et les grandes portes du porche remplacées par des portes qui seraient plus appropriées chez une modiste. Mais la pierre a été ravalée. Ce bel immeuble fut quelque peu compromis à la fin du siècle dernier par l'addition d'un étage et d'un dôme. L'un des architectes les plus prolifiques et les plus imaginatifs de Montréal au dix-neuvième siècle, Ostell a laissé de nombreux monuments dans toute la ville. Il acheva les clochers de l'église Notre-Dame et construisit celui de l'église Saint-Jacques, rue Saint-Denis. Il est l'auteur du

John Ostell came to Canada from England in the early years of the nineteenth century. He was a young man who had probably received training as an engineer, although his real interest was building design. One of his first important commissions was the Customs House built around 1830 on Place Royale (see plate 4). Some twenty years later he designed the court house which still stands on Notre Dame Street and which is seen on the left of Wilson's drawing just beyond a corner of the new skyscraper courthouse. It was taken over as the headquarters for the 1976 Olympic games. For reasons best known to the perpetrators, the ground floor entrances were plugged with cement, and the great doors in the porch were replaced by something that would be more appropriate to a dress-maker's shop. But they did clean the stone. This fine building was already somewhat compromised at the end of the last century by the addition of an extra story and a dome. Because he was one of the most prolific and versatile designers we had in the nineteenth century, a wide variety of Ostell's work is still to be found throughout the city. It was he who completed the bell towers of Notre Dame

27 / *Le vieux Palais de justice, vu de la rue Saint-Vincent*

Old Court House from St. Vincent Street

Collège de Montréal, par exemple,
construit pour les Sulpiciens, et
celui de l'ancien archevêché de la
rue Saint-Denis. C'est également
lui qui a dessiné le parc de l'université McGill et on pense qu'il est
également l'architecte de la faculté
des arts.

Il épousa une Canadienne du nom
de Perrault, et ses descendants, du
côté de la famille de sa femme, ont
dirigé sans interruption jusqu'à ce
jour ce qui est sans doute le plus
ancien bureau d'architectes du pays.

Le tracé de presque toutes les rues
du Vieux-Montréal remonte au
régime français, mais quelques
nouvelles rues ont été percées à
travers le quartier par d'autres
générations. L'un des remanie-
ments les plus dommageables fut
occasionné par le prolongement du
boulevard Saint-Laurent qui, jusqu'à il y a environ cinquante ans, se
terminait à la rue Craig. Pour pro-
longer le boulevard Saint-Laurent
jusqu'à la rue des Commissaires, il
fallut tailler au cœur du Vieux-
Montréal. Cette percée entraîna la
démolition du couvent et de la
chapelle des Sœurs de la Congrégation Notre-Dame, œuvres du début
du dix-huitième siècle, et plusieurs
autres édifices anciens.

Cette haute et étroite maison,
située à l'intersection des rues
Notre-Dame et Saint-Laurent, fut

Church and built the tower of the
church of St. Jacques on St. Denis
Street. Much of his work was done
for the Gentlemen of St. Sulpice
(Montreal College, for instance,
and the Bishop's Palace which used
to stand on St. Denis). But he also
laid out the grounds of McGill
University and, it is believed,
designed the Arts Building. He
married a Canadian girl by the
name of Perrault, and his succes-
sors, through his wife's family, still
operate what must be the oldest
continuing firm of architects in the
country.

Almost all of the street lines of
the French regime have survived in
Old Montreal, but a few new
ones were added by later generations. One of the most destruc-
tive changes was the extension of
St. Lawrence Boulevard which,
until about fifty years ago, ended at
Craig. The new road was driven
across the hump of Old Montreal to
join Commissioners Street, and
it carried before it the early
eighteenth-century convent and
chapel of the Sisters of the Congregation of Notre Dame, and a half
dozen other buildings of ancient
design. One of the few survivors
was this long narrow building on

par exception épargnée. Elle fut à
une certaine époque une école rat-
tachée au vieux couvent. Dans le
dessin de M.Wilson, l'on aperçoit la cime de l'un des clochers de
l'église Notre-Dame, au sommet
du mur qui clôt le terrain de stationnement situé derrière l'école.

Le boulevard Saint-Laurent, en
atteignant le port, dévie légèrement
afin d'éviter cet édifice massif qui
s'élève au coin de la rue des Commissaires. C'est sans doute par com-
modité, beaucoup plus que par respect du passé, qu'elle s'incurve ainsi.
Malgré l'unique et haut mur de
moellons que l'édifice projette triste-
ment sur le boulevard Saint-Laurent,
il se compose en réalité de deux
constructions reliées par des murs
mitoyens formant une cour intérieure. L'une d'elles donne sur la
rue Saint-Paul, l'autre sur la rue des
Commissaires; toutes deux présen-
tent un grand intérêt historique. Ce
coin de terre appartenait à Marguerite Bourgeoys, fondatrice de la
Congrégation Notre-Dame. Vers
la fin du dix-septième siècle, elle en
céda une partie à un marchand
montréalais qui y construisit une
maison s'ouvrant sur la rue Saint-
Paul, en face des jardins de la congrégation. Une partie de cette maison, avec ses magnifiques caves

the south-west corner of Notre
Dame and St. Lawrence. It once
served as a school attached to the
old convent. In Wilson's drawing
one of the bell towers of Notre
Dame church can be just above
the wall of the parking lot behind
the school.

When St. Lawrence Boulevard
was extended to the port, the line
of the new road swerved slightly to
avoid this massive building on the
corner of Commissioners Street. The
motive was probably convenience
rather than a respect for the past. In
spite of the high, continuous, rub-
ble-stone wall, which presents such
a bleak face on the St. Lawrence
side, the structure is really two
separate buildings. One faces on
St. Paul Street, the other onto
Commissioners, and both have
important historical connections.
All this land belonged to Marguerite Bourgeoys, founder of the
Congregation of Notre Dame, and
near the end of the seventeenth
century she ceded a portion of it to
a Montreal merchant who built a
house facing onto St. Paul and the
Congregation gardens. Part of the
seventeenth-century house was
incorporated in the present structure, including some splendid stone
vaulting under the ground-floor
level.

*Au coin de la rue des Commissaires et
du boulevard Saint-Laurent* / *Corner
of Commissioners and St. Lawrence*

voûtées, fait aujourd'hui corps
avec l'édifice que l'on voit ici.

Vers la fin du dix-huitième
siècle, John McGill, frère aîné du
fondateur de l'université McGill,
construisit l'entrepôt-magasin dont
on voit la façade dans le dessin de
M.Wilson. Entre les murs mitoyens qui reliaient l'entrepôt-
magasin à la maison du négociant,
se trouve une charmante cour entourée d'arcades en brique et sur
chaque côté de laquelle donnaient
des écuries, aujourd'hui désaf-
fectées.

La rue Vaudreuil accède à la rue
Sainte-Thérèse, avec vue sur la partie postérieure de l'ex-«nouveau»
Palais de justice. Partout ici, l'on
décèle des traces du passé: proportions de la rue, pavage ancien, bor-
dures de granit des trottoirs, maintes particularités de l'architecture.
A gauche, une vieille bâtisse curieu-
sement modernisée. En effet, la
maçonnerie originale a disparu
sous une couche de ciment et les
croisées ont été remplacées par des
fenêtres à guillotine, mais on a très
peu touché au rebord du toit primitif quand on a rajouté l'étage
supérieur, et on en voit des parties
qui dépassent juste au-dessous des
fenêtres du haut. Peu de gens réalisent qu'il s'agit de l'entrepôt de
John Jacob Astor. C'est à Montréal
qu'Astor avait établi son petit
commerce de fourrures, commerce
qui devait être à l'origine de la
fortune des Astor.

Sometime around the end of the
eighteenth century, John McGill,
the older brother of the founder of
the University, built the warehouse
and store shown in Wilson's drawing. Between McGill's building
and the one on St. Paul is a charm-
ing courtyard surrounded by a
brick arcade which leads on either
side into what used to be stables.

Looking up Vaudreuil Street
towards St. Thérèse Street and the
back of the former court house, you
can see the traces of an earlier age,
not only in the proportions of the
street, the paving stones, and the
granite curbs, but also in some
details of the architecture.

On the west side of the street is
an early building which has managed to resist modernization in a
rather odd way. Although the
proprietor covered the masonry
with a coat of cement and replaced
the French windows with double-
hung sashes, he did not take the
trouble to remove the whole of the
eaves of the original roof when he
added his extra story. Bits of the
roof can be seen projecting between
the top windows. Few people
realize that this was the warehouse
of John Jacob Astor. It was in
Montreal that he established his
small fur trade, which eventually
produced the Astor millions.

L'usage de la pierre calcaire de Montréal, préférée à tout autre matériau pendant plus d'un siècle et demi, donne de l'unité aux édifices de la vieille ville. Elle servit à la construction de cette auberge ancienne, à l'intersection de la rue Saint-Jean-Baptiste et de la rue des Commissaires, comme à celle de l'immeuble situé à l'extrême gauche du dessin et plus jeune de quelque cinquante ans. Même aujourd'hui, l'on trouve relativement peu de constructions en brique dans le Vieux-Montréal. A une rue de l'auberge représentée ici, au coin de Saint-Gabriel, s'élevait il y a quelques années un édifice identique, abattu depuis pour économiser sur les impôts. Au dix-neuvième siècle, des débits de boissons de ce genre étaient fort achalandés le long du port. Non seulement ils étaient fréquentés par les marins et les débardeurs, mais encore quelques gais lurons en quête d'aventures s'y hasardaient à l'occasion. Les gens du port délaissent à présent ces parages, attirés qu'ils sont par l'animation des rues Sainte-Catherine ou Saint-Laurent.

Montreal's limestone quarries did a great deal to create the sense of uniformity throughout the old town, and the stone continued to be the favourite material for more than a hundred and fifty years. It was used to build this old inn on the corner of St. Jean Baptiste Street and Commissioners around the beginning of the nineteenth century, and it was also used in the construction of its neighbour on the opposite corner which was built some fifty years later. Even today there are only a small number of brick buildings to be found in the whole of Old Montreal. One block farther east, on the corner of St. Gabriel and Commissioners, there stood the mate to this inn, but it was pulled down a few years ago to save on taxes. During the nineteenth century, these water-front cafés were the favourite night spots not only of the crews and the harbour workers but of the more adventurous blades from the upper town as well. The port customers now head for the brighter lights of St. Catherine Street and "The Main."

31 / *Au coin de la rue des Commissaires et de la rue Saint-Jean-Baptiste*

Corner of Commissioners and St. Jean Baptiste

La rue du Bon-Secours doit son nom à la petite église de Notre-Dame de Bon-Secours à laquelle elle aboutit et qui fut fondée en 1657 par Marguerite Bourgeoys grâce à des subsides venus de France et à la générosité des Sulpiciens de Montréal. Il ne reste pas grand-chose de l'édifice sous sa forme primitive, car il fut détruit deux fois par l'incendie. L'église actuelle remonte à 1772.

Pendant longtemps cette rue ne porta pas de nom, parce que ses maisons étaient les dernières de la ville fortifiée, de ce côté-là. Elles donnaient sur le champ de manœuvre et la citadelle qui la séparait de la Porte Saint-Martin ou Porte de Québec. Celle de droite a été la demeure de six générations de Papineau. L'un d'eux, Louis-Joseph, fut l'un des chefs de la rébellion de 1837 qui devait contribuer à l'établissement du gouvernement parlementaire au Canada. Le corps principal de ce logis date de la fin du dix-huitième siècle. Il fut occupé pendant un certain temps par le colonel John Campbell, alors commissaire des Affaires indiennes sous le général Haldimand. Sa veuve (née Anne de Saint-Luc, dont le père avait été directeur des Affaires indiennes sous le régime français)

Bon-Secours Street takes its name from the little church of Notre Dame de Bon-Secours which was founded in 1657 by Marguerite Bourgeoys, with the help of some funds from France and a large donation from the Sulpicians in Montreal. Little remains of the original chapel which was destroyed in two fires and was replaced by the present structure in 1772.

For many years this street had no name, since it was the end of the fortified town, and the houses faced onto the military parade ground, the citadel, and beyond it the St. Martin or Quebec gate. The building on the right was the home of six generations of Papineaus, one of whom, Louis-Joseph, was the leader of the rebellion of 1837, a movement which eventually led to responsible government in Canada. The main part of the house was built in the late eighteenth century and was occupied for a time by Colonel John Campbell, who was Commissioner for Indian Affairs under General Haldimand. Campbell's widow (née Anne de St-Luc, whose father had been director of Indian Affairs under the French régime) sold the property back to the Papineaus in 1809. After Louis-Joseph Papineau's death, the building suffered a number of

L'église Notre-Dame de Bon-Secours

Church of Notre Dame de Bon-Secours

revendit la propriété aux Papineau en 1809. Après la mort de Louis-Joseph Papineau, il y eut plusieurs transformations. Le toit primitif sur pignons fit place à deux étages de brique lorsque la demeure fut convertie en hôtel. Elle devint éventuellement un garni. Au rez-de-chaussée, il y eut une buanderie, un bureau de télégraphe, une manufacture de cornichons, un bar, un restaurant.

Cette propriété fut acquise en 1961 par Eric McLean qui l'a restaurée sur une période de quinze ans en se basant sur la correspondance de Papineau et sa femme en 1831 et sur les dessins originaux de cette maison au Château de Ramezay.

Lorsque les religieuses de l'Hôtel-Dieu s'installèrent en 1860 dans leur hôpital de l'avenue des Pins, elles durent prendre des dispositions au sujet de leurs nombreuses propriétés du Vieux-Montréal. Les terres cédées à Jeanne Mance aux premiers temps de la colonie couvraient à peu près le quadrilatère compris aujourd'hui entre les rues Saint-Sulpice à l'ouest, Saint-Paul au sud, Saint-Laurent à l'est et de Brésolles au nord. C'est à l'intérieur de ces limites que s'élevait l'ancien hôpital, l'un des premiers édifices en pierre de la ville et

changes: the pitched roof and the dormers were replaced by two brick stories in order to increase its capacity as an hotel. It eventually became a very seedy rooming-house. The ground floor was occupied at various times by a laundry, a telegraph office, a pickle factory, a rough bar, and a greasy-spoon restaurant.

The author acquired the Papineau house in 1961, and has restored it over a period of fifteen years basing the work on detailed descriptions in the correspondence between Papineau and his wife in 1831, and upon the drawings of the house in the collection of the Chateau de Ramezay.

When the Sisters of the Hôtel-Dieu decided in the 1860s to move their hospital to its present location on Pine Avenue, something had to be done about their large holdings in Old Montreal. The land ceded to Jeanne Mance in the first years of the colony covered an area of about two modern city blocks, and the location can be traced approximately today by St. Sulpice Street on the west, St. Paul Street on the south, St. Lawrence Boulevard on the east, and De Brésolles Street on the north. Within these boundaries was to be found the original hospital; one of the town's first stone buildings, started in 1644

construit à partir de 1644 d'après
les directives de Jeanne Mance,
ainsi que d'autres bâtiments datant
des dix-septième et dix-huitième
siècles. Il n'était question pour
personne de prendre la succession
du vieil hôpital; il se dressait alors
au beau milieu du quartier com-
merçant de 1860. Les religieuses
décidèrent donc de démolir leurs
immeubles de la vieille ville et de
couvrir la totalité de leurs terres de
maisons de commerce. Il est indé-
niable que la disparition du premier
Hôtel-Dieu a été une perte considé-
rable, mais il semble que plusieurs
des constructions substituées aux
anciens édifices ne manquent ni
d'intérêt ni de charme.

Dans le dessin de M.Wilson
nous voyons la rue Le Royer allant
du boulevard Saint-Laurent vers
la rue Saint-Sulpice. Toutes les maisons y sont en pierre de taille, dans
un style élégant et assez innovateur
pour 1872. Bien que certains
toits mansardés aient été aplatis et
quelques entrées affectées au char-
gement des camions, leurs proportions demeurent harmonieu-
ses et les arches du rez-de-chaussée
forment un ensemble agréable. Ces
maisons rappellent le quartier des
hôtels autour de l'Opéra, à Paris.
Elles datent d'ailleurs de la même
période.

under the direction of Jeanne
Mance, as well as a considerable
number of seventeenth- and eighteenth-century additions. Because
it would have been difficult to
persuade anyone to take over the
ancient hospital (this area was
already the business centre in the
1860s) the nuns decided to
demolish their buildings in the old
town and put up commercial
houses on this large tract of land.
The loss of the hospital was a great
one, of course, but it seems to me
that the substitute buildings have a
special appeal of their own. In
Wilson's drawing we are at St.
Lawrence Boulevard looking west
to St. Sulpice along Le Royer.There
are two such streets created by the
Hôtel-Dieu Sisters. All of the buildings are of fine cut stone, and the
design is handsome and quite imaginative for 1872. Although
some of the mansard roofs have
been flattened and some of the
entrances have been converted into
loading platforms, the proportions
are very satisfying, and the series of
arches at the ground-floor level
give the two blocks of buildings a
particularly harmonious appear-
ance. They resemble somewhat the

RDWilson - 64

Certains se rappelleront l'étroit
passage qui reliait la petite rue
Saint-Jacques à la rue Notre-Dame.
Tous les immeubles à la droite de
ce dessin ont été démolis pour faire
place à l'aménagement des ensem-
bles qui entourent le nouveau
Palais de justice. Voici l'un des
coins les plus charmants du Vieux-
Montréal, et nous ne pouvions pas
nous permettre de le perdre.
Contrairement aux dégagements
et aux gratte-ciel du boulevard
Dorchester, le vieux quartier est
protégé, familier. Au détour d'une
rue, l'on découvre soit une maison
vétuste, une petite place, soit une
porte mystérieuse ou des façades
incurvées. Les grandes avenues
modernes sont le royaume de
l'automobile; on n'y flâne pas, on y
vaque à ses affaires. Les rues anciennes, les rues du Vieux-Montréal,
restent le paradis des piétons, en
dépit des trottoirs devenus
insuffisants.

COLLECTION DE TANSEY,
DE GRANDPRÉ, DE GRANDPRÉ,
BERGERON & MONET

hotel districts off the Avenue de
l'Opéra in Paris — which, inciden-
tally, were built at about the same
period.

Some people will remember the
narrow passage known as Little
St. James Street, which joined St.
James to Notre Dame. All the
buildings on the right of this sketch
were demolished to make way for
the development around the city's
new skyscraper court house. Corn-
ers like this one illustrate one of the
main attractions of Old Montreal,
and we could not afford to lose it.
Unlike the vast open spaces and
soaring towers of Dorchester, the
old quarter is enclosed and intimate.
You turn a corner, and a new vista
presents itself — an ancient building,
a small square, a mysterious gate-
way, or a curving row of houses.
Dorchester is designed for the automobile, and the sidewalk between
the Queen Elizabeth hotel and the
Aviation Building, let us say, is
almost superfluous. Old Montreal,
on the other hand, developed in
the age of pedestrians, and in spite
of the ever-narrowing sidewalks,
the pedestrian is still at home there.

Ces deux maisons, qui figurent au nombre des pertes causées par le nouveau Palais de justice, représentaient de purs exemples de l'architecture de début du dix-neuvième siècle dans le Vieux-Montréal. Elles étaient situées au coin des rues Saint-Jacques et Saint-Gabriel. La maison de gauche avait réussi à garder presque intactes ses finitions intérieures. L'on peut présumer que le docteur Wolfred Nelson, l'un des chefs de l'insurrection de 1837, avait un bureau dans l'une de ces deux maisons que surplombent, sur le dessin, le dôme et l'étage supplémentaire ajoutés au vieux Palais de justice de John Ostell.

Among the casualties of the new court-house development were these two houses which were among the finest examples of early nineteenth-century design to be found in Old Montreal. They stood on the east side of St. Gabriel Street between Notre Dame and St. James. The one on the left was particularly interesting because it had managed to retain its interior finish almost intact. There is reason to believe that Dr. Wolfred Nelson, one of the leaders of the rebellion of 1837, had his office in one of these houses. In the background can be seen the extra story and the dome added to John Ostell's old court house.

35 / *La rue Saint-Gabriel et le dôme du Palais de justice*

St. Gabriel Street and Court House dome

A l'exception de l'annexe du coin du «vieux» Palais de justice (centre-gauche), tout ce qui apparaît dans ce dessin est disparu . . . la rue aussi bien que les maisons, pour faire place au nouveau gratte-ciel. La plus grande des deux maisons de droite, à l'angle des rues Saint-Gabriel et Craig, s'appelait l'hôtel de France. Construit par la famille Beaubien au début du dix-neuvième siècle, il rivalisait d'élégance avec la demeure des Ross, sise autrefois un peu plus haut et qu'a remplacée il y a quelques années une station-service.

La maison Beaubien connut son heure de gloire à la fin du dix-neuvième siècle, à l'époque où l'hôtel de France y tenait l'un des meilleurs restaurants de la ville. Plus tard le bâtiment fut aménagé en bureaux. Lors de la démolition, les autorités municipales firent numéroter soigneusement les pierres de la façade avant de les entreposer. Peut-être, un jour, quelque mécène permettra-t-il que cette demeure soit reconstruite, du moins en partie, dans quelque coin du Vieux-Montréal.

With the exception of the corner of the old court-house annex (left, middleground) everything in this drawing has been swept away — street, houses, everything — for the new skyscraper. The larger of the two buildings on the right, which stood on what was the corner of St. Gabriel and Craig streets, was the Hôtel de France. It was originally built as the residence of the Beaubien family at the beginning of the nineteenth century and it rivalled the elegant Ross house which stood just above it and which was demolished in the forties to make room for a gasoline station.

The Beaubien house earned some local fame at the end of the nineteenth century when it became the Hôtel de France, one of the city's better restaurants. More recently it was used as offices. When the building was demolished, the city arranged to have the façade taken down very carefully, with each of the stones numbered, and it now lies in storage waiting for some philanthropist who would be willing to rebuild it in another location in the old quarter.

Un peu plus haut que l'hôtel de France, entre Saint-Jacques et Notre-Dame, s'élevait le vieil hôtel Saint-Gabriel que l'on voit ici couronné de fantasques ornementations en fer-blanc. Comme la plupart des autres édifices représentés sur ce dessin, il a disparu, victime du futur Palais de justice. Son permis hôtelier datait du dix-huitième siècle, et son restaurant détient peut-être, pour l'Amérique du Nord, le double record de l'ancienneté et de la continuité. Il s'est transporté un peu plus loin dans la rue Saint-Gabriel, mais cette fois au sud de la rue Notre-Dame. Le propriétaire y a réinstallé une partie des boiseries d'acajou et les moulures de plâtre provenant de l'ancien hôtel. Les antiquaires eussent trouvé des trésors parmi les ruines de ces édifices si les démolisseurs n'avaient été si pressés de les déblayer. Des piliers en fonte furent envoyés à la ferraille. De délicates sculptures sur pierre, des tuiles du début du dix-neuvième siècle signées Minton, des carreaux bossués de pittoresques cabochons, de lourds bronzes et des grilles de fer forgé furent jetés au rebut ou ensevelis sous les démolitions.

Le vieil hôtel Saint-Gabriel /
Old St. Gabriel Hotel

COLLECTION OF
DR. AND MRS. T. B. CATTERILL

Just up the street from the Hôtel de France, between St. James and Notre Dame, used to stand the old St. Gabriel hotel, seen here with its elaborate crown of tinwork. Like all the other buildings in this drawing, it has now been demolished to make room for the new court-house skyscraper. It held an eighteenth-century licence, and may very well have been the oldest restaurant in continuous operation in North America. It continues to function in a new location on St. Gabriel just south of Notre Dame Street, where the proprietor has installed some of the fine mahogany panelling and plaster garlands from the earlier building. Most of the buildings in this block would have been a treasure trove for antique dealers if the demolition companies had not been so determined to keep up to schedule. Elaborate cast-iron pillars were sold in lots as scrap; the rest, including delicate stone carving, Minton wall tiles of early nineteenth-century design, windowpanes decorated with colourful cabochons, heavy bronze hardware, and wrought-iron grilles, were carted off to the dump or buried in the mass of debris left by the wrecking-ball.

La maison de gauche, vue ici de la rue des Commissaires à travers une trouée, au coin de la rue Saint-Paul et la place Jacques-Cartier (voir la planche 16, maison de droite), date peut-être de la fin du dix-huitième siècle bien que la pierre sciée dont elle est faite n'ait été réellement en usage qu'au dix-neuvième siècle. Comme sa voisine de droite, elle fait partie d'un secteur exproprié par la ville il y a quelques années dans l'intention d'agrandir un terrain de stationnement municipal. Sur l'urgente recommandation de la Commission Jacques-Viger, le projet fut abandonné et cette maison vendue et restaurée par son propriétaire actuel. Divers plans de conservation ont été proposés pour les autres, y compris l'hôtel Rasco (voir la planche 48). Il importe surtout qu'elles aient survécu. Elles sont dominées par l'hôtel Nelson qui donne sur la place Jacques-Cartier et qui est un assez bel exemple de l'architecture de la première moitié du dix-neuvième siècle, malgré certaines modifications peu heureuses effectuées au rez-de-chaussée.

Une maison au coin de la rue Saint-Paul et de la place Jacques-Cartier

House on corner of St. Paul and Jacques Cartier Square

The house on the left, seen here through one of the gaps on Commissioners Street, stands on the corner of St. Paul Street and Jacques Cartier Square (see plate 16, building on right) and quite possibly dates from the end of the eighteenth century, even though sawed limestone like this did not come into general use until the nineteenth century. Along with its neighbour to the right, it is part of a complex of buildings that were expropriated by the city some years ago with the purpose of enlarging a municipal parking lot. On the urgent recommendation of the Jacques-Viger Commission, the plan was shelved, and this particular house was sold and restored by the new owner. A variety of plans have been proposed for the others, including the famous Rasco's Hotel (see plate 48). The main thing is that they have survived. In the background can be seen the Nelson Hotel which faces onto Jacques Cartier Square and which is a fairly representative piece of architecture from the first half of the nineteenth century, although a few unfortunate changes have been made at the ground-floor level.

La rue Saint-Paul en regardant vers l'est, à l'intersection de la rue Saint-Gabriel. A droite, l'incurvation élégante d'un pâté de maisons qui ont, pour la plupart, plus d'un siècle d'existence. Il n'y en a peut-être pas deux qui sont identiques et pourtant, elles sont si bien proportionnées qu'elles forment un tout harmonieux, comme en réalisent rarement les architectes d'aujourd'hui. Elles donnent toutes sur la rue Saint-Paul au nord et sur la rue des Commissaires au sud, et bien qu'elles aient été en majorité destinées au commerce, il n'y a pas de raison pour qu'elles ne puissent être converties en demeures ou divisées en petits appartements. A une époque où l'espace est strictement mesuré, ces solides maisons de pierre gardent les hauts plafonds et les dimensions spacieuses d'un temps révolu. Quelle gageure pour un architecte que de les adapter à un usage moderne!

Looking east on St. Paul Street from the corner of St. Gabriel, you see a graceful curve of buildings, most of which date from more than a hundred years ago. Although no two of them are exactly alike, they harmonize in scale in a way which so many of our modern architects seem to have forgotten. All of the buildings on the right have two street fronts, one on St. Paul, the other on Commissioners, and although most of them were designed as offices there is no reason why they could not be adapted as residences or small apartment houses. These days, when living space is generally calculated in cubic feet rather than area, these solid stone structures offer the high ceilings and generous spaces of an earlier age, and it would be a real challenge for any architect to adapt them to modern use.

Cette perspective de la rue Saint-Paul n'a pour ainsi dire pas changé depuis un siècle et demi. L'artiste s'est ici posté un peu à l'est de la rue Bon-Secours. A gauche, l'on voit l'entrée de l'église Marguerite-Bourgeoys et plus loin le marché Bon-Secours et son dôme restauré. Les maisons de droite sont représentatives de l'architecture qui prévalait dans les rues du quartier jusque vers 1850. Chacune d'elles compte une boutique au rez-de-chaussée et des logis aux étages et chacune possède une porte cochère accédant à une cour intérieure entourée de murs. La plupart des trottoirs qui bordaient les rues Saint-Paul, Notre-Dame et Saint-Jacques étaient formés de dalles d'ardoise et les rues étaient pavées de blocs de pierre de taille remplacés plus tard par les petits pavés de granit que l'on voit encore à certains endroits du vieux quartier. Certaines petites rues, bordées de trottoirs en bois, étaient parfois pavées de billots fichés en terre, fort hasardeux sous la pluie.

Little has changed in this view of St. Paul Street in the last hundred and fifty years. It looks west from a point a few hundred feet east of Bon-Secours Street, and shows the entrance to Marguerite Bourgeoys' church. Beyond it is the Bon-Secours Market building with its restored dome. The houses in the foreground are typical of the architecture which lined most of the streets in the old quarter until the 1850s. Each has its commercial space on the ground floor, with residences above, and each has its carriageway or porte-cochère leading to a walled courtyard at the rear of the house. Most of the side-walks on St. Paul, Notre Dame, and St. James Streets were made of slate slabs, and the streets were paved with blocks of sawn lime-stone which were later replaced by the small, brick-shaped granite stones which are still to be seen in certain areas today. Some of the smaller streets had wooden side-walks, however, and the streets were sometimes paved with blocks of wood cut into short sections and turned upright. They were perilously greasy in wet weather.

40 / *La rue Saint-Paul allant vers l'ouest et vue de la rue Berri*

St. Paul Street looking west from Berri

Plusieurs des rues du vieux quartier permettaient à peine le passage d'une seule voiture, comme la rue Saint-Amable, par exemple, vue ici de la rue Saint-Vincent, en regardant vers la place Jacques-Cartier. L'on a de bonnes raisons de croire que le bâtiment de droite, au premier plan, était l'un des principaux entrepôts de la Compagnie du Nord-Ouest, la compagnie de traite de fourrures qui a tant contribué au progrès de la ville de la fin du dix-huitième siècle au début du dix-neuvième. Toutes les maisons du côté sud de la rue Saint-Amable ont été soigneusement restaurées.

A l'époque victorienne, les principales rues de Montréal étaient couvertes de pavés en granit, et la plupart furent plus tard recouvertes d'asphalte. L'un des grands apports du gouvernement municipal à l'égard de la restauration du Vieux-Montréal a été de dégager l'ancien pavage de la place Jacques-Cartier, la rue Bon-Secours et une petite section de la rue Saint-Paul et d'y installer des réverbères semblables à ceux qui éclairaient la ville au milieu du dix-neuvième siècle.

Many of the streets in the old quarter were just wide enough to allow passage for a single carriage. An example would be St. Amable, seen here from the corner of St. Vincent, looking towards Jacques Cartier Square. It is believed that the building on the right was one of the principal depots of the North West Company, the vast fur-trading enterprise which contributed so much to the development of the city from the end of the eighteenth century to the beginning of the nineteenth. All of the buildings on the south side of Saint-Amable Street have been carefully restored.

In late Victorian times, the principal streets of Montreal were surfaced with granite paving bricks, most of which were later covered with asphalt. One of the main contributions of the municipal government towards the restoration of Old Montreal was the resurfacing of Jacques Cartier Square, Bon-Secours Street, and a short section of St. Paul, with granite blocks, and the installation of lamp-standards of mid-nineteenth century design.

La rue Saint-Amable

St. Amable Street

COLLECTION OF MR.
JOHN H. CLARK

Le passage Chagouamigon est situé entre la rue Saint-Paul et la rue de la Capitale, un peu à l'ouest de la place Royale. Son nom est celui d'une peuplade indienne qui accompagnait Radisson et Groseilliers dans leurs pérégrinations sur les routes de fourrure du Nord au dix-septième siècle. On dit que les Indiens Chagouamigon fréquentaient une taverne dans cette rue, bien qu'il leur fût interdit, par mesure de précaution, de passer la nuit en dedans des fortifications. L'on voit encore, sur l'édifice de gauche, les lourds crochets destinés à retenir les volets de fer dont chaque maison de la vieille ville devait être munie en vertu de la loi.

A l'est de la place d'Armes, les façades de la rue Notre-Dame offrent un magnifique jeu de lignes horizontales et verticales. C'était autrefois l'une des rues les plus prospères de l'une des villes les plus riches du Canada. Heureusement, les transformations n'ont touché que les rez-de-chaussée, certains ayant été néanmoins précieusement conservés.

Chagouamigon Lane runs between St. Paul and rue de la Capitale just to the west of Place Royale. It was named for the tribe of Indians who used to travel with Radisson and Groseilliers on their voyages through the northern fur routes in the late seventeenth century. Apparently there was a tavern on the corner which used to cater to them, although, as a safety precaution, they were required to camp outside the city wall at night. On the building at the left can be seen the heavy hooks which used to hold the sheet-iron shutters required for all houses in the old city.

Looking east along Notre Dame Street from Place d'Armes, there is a marvellous play of design in the façades of these Victorian office buildings, both horizontally and vertically. When they were put up, this was one of the most prosperous streets in the richest and busiest city of Canada. Fortunately, most of the damage done to them has been confined to the ground floor, but even a few of these have been lovingly preserved.

Il est relativement facile d'obtenir l'appui du public quand il s'agit de préserver les constructions du dix-septième ou du dix-huitième siècles. Leur ancienneté inspire immédiatement de l'intérêt, même si leur âge est leur seul mérite. Mais que penser de l'architecture d'il y a soixante-dix ou quatre-vingt ans ? Qui va défendre, par exemple, les édifices situés rue Sainte-Hélène ? On a même déjà dit qu'ils étaient trop récents, comme si le Château de Ramezay ou le séminaire des Sulpiciens n'avaient pas été jeunes eux-mêmes, un jour. Pourtant ces palais de la fin de l'époque victorienne forcent le respect parce qu'ils témoignent chez ceux qui les ont construits de grandes qualités d'imagination, de travail et de compétence. Ils représentent éloquemment l'opulence sereine d'une époque où l'on n'avait pas encore entendu parler d'une guerre mondiale.

Certes, ces constructions sont éclectiques. Elles empruntent au siècle de Périclès comme au Second Empire. Pourtant, elles demeurent indubitablement victoriennes et uniques en leur genre.

It is relatively easy to arouse public support for the preservation of a building of the seventeenth or eighteenth century. Its very age enlists sympathy, even though age may be its only virtue. But what about the architecture of seventy or eighty years ago ? Who will champion such buildings as the ones along St. Helen Street ? I have even heard the argument that they are not old enough, as though the Chateau de Ramezay or the Sulpician seminary were already antique at birth. Just consider the exuberant imagination in the design of these late Victorian palaces and the labour and skills that went into their making, and they must command your respect. They are an eloquent expression of that age of opulence and security before there had ever been such a thing as a World War.

They are derivative, yes. You can find everything from Pericles to Napoleon III in their make-up. But the end result is still unmistakably Victorian, and quite unique.

Wilson - 64

Quittant les vieux locaux de la rue du Saint-Sacrement en 1904, la Bourse de Montréal s'installa tout près de là dans un immeuble à elle, rue Saint-François-Xavier. L'intérieur de cet édifice est luxueusement orné de marbre, de bronze et de bois précieux. Le caractère de son architecture rappelle celui de la Rome impériale. Ce style a peut-être été choisi parce qu'il inspire une rassurante impression de permanence et de solidité à ceux des habitués qui considèrent le marché des valeurs comme un domaine instable, voire même périlleux. Quel que soit le motif qui en ait fixé le style, l'édifice de la Bourse contribue à la beauté du Vieux-Montréal. Quand celle-ci s'installa au milieu des années soixante à la Place Victoria, l'édifice demeura vide plusieurs années. La loi protégeant le quartier interdisait la démolition, mais il fallait trouver un locataire approprié pour éviter la détérioration de l'édifice. Les grands espaces des transactions boursières pouvaient convenir au théâtre ou au concert et après un échec extravagant, l'édifice fut finalement occupé par la compagnie du Centaur. Cette dernière a maintenant deux scènes et une salle d'exposition.

From the old quarters on St. Sacrament Street, the Montreal Stock Exchange moved into its own building around the corner on St. François Xavier in 1904. The interior of the exchange was richly finished in marble, bronze, and costly wood, and the character of the architecture suggested Imperial Rome. Perhaps they chose this style to give a reassuring impression of permanence and stability to those people who regard the market as unpredictable and perilous territory.

Whatever the reason, the building was a handsome addition to Old Montreal. When the stock exchange moved again to the skyscraper on Place Victoris in the mid-sixties, this building remained unoccupied for a number of years. The law protecting the quarter ruled out demolition, but it was important that a suitable occupant be found if the structure was not to deteriorate through neglect. The large spaces offered by the exchange floors were suitable for theatre or concerts, and after one extravagant failure with such a scheme, the building was finally taken over by the Centaur company, which now keeps two stages and an exhibition gallery fully occupied.

This kind of imaginative adaptation has been one of the principal needs of Old Montreal: the ability

Ce genre d'adaptation démontre la nécessité, dans le Vieux-Montréal, d'étudier le caractère d'un édifice sans être influencé par ses usages passés.

A l'angle sud-ouest des rues No-tre-Dame et Berri s'élève un édifice offrant une étrange combinaison de styles. La partie postérieure, est faite de moellons. La façade de la maison et le côté donnant rue Berri sont en pierre de taille. Le tout est surmonté d'un étage sur-ajouté en brique, assez piètrement mansardé sur les côtés.

Cette maison est importante à plus d'un titre. Tout d'abord, elle fut la demeure de sir George-Etienne Cartier qui, avec sir John A. MacDonald, reste l'un des prin-cipaux artisans de la confédération canadienne. Bien que né à Saint-Antoine-sur-Richelieu, il habita ce logis à peu près tout le temps qu'il excrça la profession d'avocat et, plus tard, d'homme politique. Parcs Canada en a fait l'acquisition récemment et envisage une restau-ration. En second lieu, cette maison marque le coin nord-est des limites maintenant officiellement détermi-nées du Vieux-Montréal. L'extré-mité des fortifications, et la Porte de Québec ou Saint-Martin, étaient situées à quelques centaines de pieds à l'est.

to see a building without being prejudiced by the uses to which it had been put in the past.

On the southwest corner of Notre Dame and Berri Streets, stands a building displaying a curious mixture of styles. The rear is built of rough stone, and the front of the house, and the side seen here from the entrance to the tunnel on Berri Street, are of dressed lime-stone. The brick story has obviously been added at a later date, and it is finished on the street sides with a rather tatty piece of mansard roofing.

Two things give this building special importance. First it was the home of Sir George Etienne Car-tier, who, with Sir John A. Mac-Donald was one of the principal architects of the Canadian con-federation. Although he was born in St. Antoine-sur-Richelieu, he lived in this house during most of his years of practice as a lawyer and, later, as a politician. The house has recently been acquired by Parks Canada and is slated for restoration.

The second feature of interest is the fact that the house marks the extreme north-east corner of the classified area of Old Montreal. The end of the fortifications and the Quebec or St. Martin's gate was located only a few hundred feet to the east of this point.

La maison de sir George-Etienne Cartier

House of Sir George Etienne Cartier

Même à l'époque de sa construction (commencée en 1845), le marché Bon-Secours fut considéré comme un édifice d'une beauté saisissante avec ses grandes salles de réunion, son dôme harmonieux et son majestueux portique dorique à colonnes en fonte. Il occupe, sur le dessin de M. Wilson, le côté sud de la rue Saint-Paul vue en allant vers l'église Notre-Dame de Bon-Secours.

C'est dans cet édifice que se réfugia le gouvernement des deux Canadas après que les tories eurent incendié le Parlement de la place d'Youville, en 1849. C'est là, également, que siégèrent les autorités municipales jusqu'à l'achèvement du présent Hôtel de Ville, en 1877. L'on critiqua fort l'extravagance de l'architecte du marché, William Footner, le coût dépassant 70,000 livres sterling; mais Footner refusa de transiger. Pendant quelque soixante-quinze ans, cet édifice fut l'un des principaux centres d'activité de la ville. Mais à mesure que le camionnage se motorisait, le marché répondait de moins en moins aux nécessités de la vie moderne. En 1947, un incendie détruisit le dôme et l'escalier central. On ne chercha pas à réparer les dégâts sérieusement

Even at the time of its construction (begun in 1845) the Bon-Secours Market was regarded as a striking piece of architecture, with its vast assembly halls, its finely proportioned dome, and the imposing Doric porch with its cast iron pillars. In R. D. Wilson's drawing we are looking east along the St. Paul Street side of the market, towards the spire of Marguerite Bourgeoys' church of Notre-Dame de Bon-Secours.

It was to this building that the government of the two Canadas moved after the Tories burned down the parliament house on Youville Square in 1849. The market building also housed Montreal's municipal government until the present City Hall was completed in 1877. The architect of the Bon-Secours Market, William Footner, was criticized for his extravagance (the cost was more than seventy thousand pounds sterling) but he refused to compromise his design. For some seventy-five years the building was one of the principal centres of activity in the city, but as the automobile and motor-truck replaced the horse and wagon, the market became less and less functional. In 1947, the dome and the central stairway were destroyed by fire, but no serious attempt was made to repair the damage since the entire

47 / *La façade septentrionale du marché Bon-Secours*

North side of Bon-Secours Market

puisque l'édifice entier n'était pas jugé sûr. Il semblait acquis qu'il serait démoli lorsque le marché déménagerait près du chemin de fer au nord de la ville. Cependant, à la suite d'une recommandation vigoureuse de la Commission Jacques-Viger, le marché Bon-Secours fut épargné et en 1964, la ville en affecta la restauration au service des travaux publics. Les fondations furent solidifiées et la structure nettoyée, mais la restauration malheureusement escamotée. La Commission Viger exerça un certain contrôle sur les caractéristiques extérieures (fenestration, détails du dôme) mais l'intérieur devint méconnaissable, apparemment afin de subvenir aux besoins des services municipaux qui devaient l'occuper. Une bonne partie de l'intérieur original existait encore en 1964, particulièrement dans les pavillons des deux extrémités, mais il n'en reste aucune trace aujourd'hui.

La rue Saint-Paul vue, cette fois, en allant vers l'ouest. A gauche, le marché Bon-Secours et le coin arrondi d'un autre édifice élevé par Footner. En face de ce dernier se dresse la masse solide de l'hôtel Rasco, érigé en 1835.

structure had settled badly and was considered unsafe. It was assumed that the building would be demolished once the market had been shifted to a new location near rail lines to the north of the city. On the strongest recommendation of the Jacques-Viger Commission, however, the Bon-Secours Market was spared, and in 1964 the city assigned the job of restoration to the Public Works department — unfortunately. The foundations were jacked up, and the structure was cleaned and solidified. But the so-called restoration was a mockery. The Viger Commission was able to exercise some control over the treatment of the exterior features (such as fenestration and details of the dome,) but the interior was gutted and transformed beyond recognition, supposedly to meet the needs of the city services which would occupy the space. Much of the original interior had survived until 1964, particularly in the pavilions at either end, but all this has now disappeared without a trace.

Looking west along St. Paul Street from a point in front of the Bon-Secours Market, we see, on the left, the curved corner of another building designed by Footner. And in the background on the right is the solid profile of Rasco's Hotel, built in 1835.

L'Italien Rasco émigra au Canada au début du dix-neuvième siècle. Il fut engagé par la famille Molson pour diriger l'hôtel « British American» dont elle était propriétaire et qui s'élevait à l'extrémité orientale du marché Bon-Secours.

Après plusieurs années passées au service des autres, l'hôtelier Rasco se trouva enfin en mesure de faire bâtir l'hôtel que l'on voit ici et qui porte encore son nom, hôtel considéré par des voyageurs du temps comme l'un des meilleurs en Amérique du Nord. On y pouvait recevoir cent-cinquante clients et sa salle à manger était le lieu de rendez-vous du monde fashionable de Montréal. Les gracieuses arcades de sa devanture ont disparu et vers les 1950, l'hôtel Rasco abritait de misérables garnis. Il fut exproprié par la ville qui voulait agrandir le terrain de stationnement de l'autre côté de l'Hôtel de Ville, projet auquel les autorités renoncèrent sur les recommandations opportunes de la Commission Jacques-Viger. On a maintenant tout lieu d'espérer que l'édifice sera restauré et abritera un hôtel et un restaurant élégants, avec des banquettes de velours, des boiseries et de vastes cheminées comme en 1830.

Rasco came to Canada from Italy at the beginning of the nineteenth century and was hired by the Molson family to operate their "British American" hotel which used to stand at the eastern end of the site of the Bon-Secours Market.

After several years of operating hotels for others, Rasco was finally in a position to finance the building shown here, which was described by travellers of the time as one of the finest hotels in North America. It offered accommodation for a hundred and fifty guests, and its dining room made it the meeting place for the beau monde of the city. The graceful arcade, which once decorated the façade, has disappeared, and by the nineteen-fifties, the building had degenerated into a fourth-rate rooming house. The city expropriated it along with its neighbours with the purpose of demolishing them to enlarge the parking lot opposite City Hall, but the project was stopped in the nick of time on the recommendation of the Jacques Viger Commission. There is now reason to hope that the building will be restored as a quality restaurant and hotel in the manner of the 1830s with lots of plush, polished wood, and open fireplaces.

49 / *La rue Saint-Paul allant vers l'ouest et vue de la rue Bonneau*

St. Paul Street looking west from Bonneau

Le promeneur qui fréquente le Vieux-Montréal revient toujours au marché Bon-Secours. On l'aperçoit ici de la rue des Commissaires. Il est inconcevable que cette façade massive, l'aspect le plus imposant de l'édifice, ait été orientée vers les voies de garage et les silos à élévateurs du port. De fait, telle ne fut jamais l'intention de l'architecte, bien au contraire. Il conçut la vaste façade de son édifice de façon à ce qu'elle dominât les eaux du fleuve. Dans les années 1850, les tours de Notre-Dame, le dôme du marché et le clocher de la chapelle Marguerite-Bourgeoys se découpaient sur l'horizon montréalais vu de la rive sud du Saint-Laurent. Vu la lenteur et la difficulté du transport au dix-neuvième siècle, il était naturel que l'expansion des installations portuaires soit concentrée dans le secteur le plus proche. Les cargaisons étaient déchargées directement du bateau à l'entrepôt et aux établissements voisins. Cependant, la muraille grandissante de silos d'entrepôts et d'autres installations du gouvernement le long

Anyone who has walked around Old Montreal is usually drawn back time and again to the Bon-Secours Market. There is something mysterious about the southern view along Commissioners Street. Why was the massive façade, the most imposing aspect of the building, made to look out on the shunting yards and the grain elevators of the port. The fact is that this was not the architect's intention. He designed his building so that it commanded a clear view of the water. From the south shore of the St. Lawrence River in eighteen-fifties, the skyline of Montreal was dominated by the bell towers of Notre Dame Church, the great dome of the market, and the spire of Marguerite Bourgeoys' chapel. Because transportation in the nineteenth century was slow and difficult, it was natural that the expansion of the port facilities should be concentrated in the area closest to the city. Cargos were transferred directly from the ships to the neighbouring storage and

50 / *La façade du marché Bon-Secours donnant sur le port*

River side of Bon-Secours Market

des quais a largement accéléré le déclin du vieux quartier. Elle cache peu à peu la vue sur ce fleuve qui demeure l'un des plus beaux ornements de la ville. Le Saint-Laurent semble avoir disparu aux yeux des promeneurs et des automobilistes, et l'on ne peut plus l'apercevoir que du haut des ponts qui le traversent. Il importe autant de remédier à cet état de choses que de restaurer le vieux quartier, car le Saint-Laurent fait partie intégrante du Vieux-Montréal. Par une opération à long terme, l'on pourrait petit à petit déplacer vers l'est du port les constructions les plus désagréables à la vue, ce qui ne serait pas préjudiciable aux activités maritimes et servirait en même temps la ville.

Peut-être un jour, dans vingt-cinq ans, dans cinquante ans, le marché Bon-Secours donnera-t-il de nouveau sur le Saint-Laurent. Alors, les voyageurs arrivant à Montréal par le fleuve engloberont d'un seul regard l'ancienne et la la nouvelle ville, majestueuse tapisserie accrochée aux flancs du mont Royal.

commercial buildings. But the rising wall of grain elevators, warehouses, and other government installations along the quais contributed as much as anything to the decline of the old quarter. They cut off their city from one of its principal attractions. The river is now out of bounds for the casual stroller or motorist, and we can glimpse it only as we drive over one of the bridges. Surely this situation is as much in need of correction as the delapidation of the old quarter, of which it forms an integral part.

A long-term policy for the gradual displacement of the more unsightly harbour structures towards the east would be as much to the advantage of the port as it would be to the city itself.

Some day, perhaps twenty-five, perhaps fifty years from now, the Bon-Secours Market will again look onto the St. Lawrence, and visitors arriving in Montreal will see the city's past and present rising like a tapestry up the slopes of Mount Royal.